¡Me Ha Tocado!

Los Milagros de Jesús

por

Ariel Zambrano

UPPER
ROOM BOOKS
NASHVILLE

¡Me Ha Tocado!

Citamos de las siguientes Biblias:

La Biblia que se usa para estos estudios es la Biblia Reina Valera, Revisada 1960 (Sociedades Bíblicas en America Latina).

Cuando se citan otras versiones se usan las siguientes abreviaturas:
BE=Biblia de Estudio (Sociedades Bíblicas Unidas)
VP=Versión Popular (Sociedad Bíblica Americana, Dios Habla Hoy, Nueva York, E.U.A.)

Forro diseño por: Gore Studio, Inc., Nashville, Tennessee
Diseño del interior: Charles Sutherland
Primera impresión: agosto 1996 (2)
Segunda impresión: febrero 1998

Library of Congress Cataloging-in-Publication Data

Zambrano, Ariel, 1923–
    Me ha tocado! / por Ariel Zambrano.
      p.   cm.
    ISBN 0-8358-0744-4 (pbk.)
    1. Healing in the Bible--Sermons. 2. Jesus Christ-- Miracles--
Sermons. 3. Sermons, Spanish. 4. United Methodist Church (U.S.)--
Sermons. 5. Methodist Church--United States--Sermons. 6. Bible.
N.T. Gospels--Sermons. I. Title.
BS2555.6.H4Z35 1996
226.7'06--dc20

96-781
CIP

Impreso en español en E.U. A.
Printed in Spanish in the United States of America.

*A la congregación de
la Iglesia Metodista Unida El Buen Pastor
en Santa Paula, California,
especialmente al Grupo de los Viernes,
con cuyos miembros oré, canté y aprendí que
Dios todavía hace milagros.*

PREFACIO

✺   ✺   ✺

Este libro está basado, en parte, en sermones y estudios bíblicos presentados en la Iglesia Metodista Unida El Buen Pastor en Santa Paula, California. El material original ha sido enriquecido con datos y observaciones que esperamos ayuden a los lectores a comprender mejor y a amar aún más estas historias bíblicas.

En la dedicatoria de este libro se menciona el Grupo de los viernes, de la iglesia a que nos hemos referido. Este grupo, que se reunía en los hogares de los miembros de la congregación, hizo un impacto muy profundo en la vida del autor por medio de los estudios bíblicos (dirigidos por los laicos), los cantos y las oraciones en las que participábamos juntos cada semana. Una de nuestras actividades era orar por los enfermos o personas con necesidades especiales, imponiéndoles las manos. En ocasiones sucedían cosas maravillosas, verdaderos milagros. Este pequeño libro es mi testimonio de gratitud a esa amada congregación y a ese grupo en particular.

De nuevo debo agradecer a mi esposa, Mary, su paciente lectura y corrección de los originales y al Dr. Justo L. Gonzáles, por sus correcciones, sugerencias y constante estímulo.

A Dios sea la gloria.

Pilgrim Place
Claremont, California
septiembre, 1995

Me ha tocado

En pecado yo vivía,
en tinieblas y en error,
mas la mano de Jesucristo
me tocó y ya salvo soy.

Coro

Me ha tocado, sí, me ha tocado
y ahora sé que el Salvador
sana, salva y viene por mí;
me ha tocado Cristo el Señor.

Desde que encontré al Maestro,
desde que salvó mi ser;
nunca dejaré de adorarle,
hasta que regrese otra vez.

CONTENIDO

❖   ❖   ❖

FE ENTRE BAMBALINAS

✠ ✠ ✠

Jesús sana al siervo de un centurión

(Lc. 7.1-10; Mt. 8.5-13; Jn. 4.43-54)

Lucas es un narrador admirable. Su Evangelio y el libro de los Hechos de los Apóstoles, ambos producto de su pluma maravillosa, están llenos de historias interesantísimas, algunas de las cuales aprendimos a querer desde nuestros años infantiles en la escuela dominical: el nacimiento de Jesús con los ángeles y los pastores, el niño Jesús en el templo con los doctores, y la narración de los milagros en su Evangelio. La enumeración de sus narraciones en los Hechos sería muy larga.

El pasaje que tenemos bajo nuestra consideración es interesante, simplemente como narración, desde varios puntos de vista. En primer lugar, uno de los personajes principales, el centurión romano, nunca aparece en escena. Durante toda la historia permanece oculto, entre bambalinas. En segundo lugar, es una narración que nos presenta una imagen de armonía y reconocimiento mutuo entre dos pueblos que se odiaban: los judíos y los romanos. Finalmente, Jesús cruza una vez más las barreras raciales al sanar al siervo de un gentil, un romano, en presencia de una multitud.

Se corre el telón 1, 2

Este incidente se desarrolla en Capernaum, una ciudad al extremo noroeste del mar de Galilea, no muy lejos del lugar en donde el Jordán desemboca en este mar. La ciudad era importante por la industria pesquera que florecía en sus muelles y por los caminos que la cruzaban. Por estas razones era un centro importante para la recaudación de impuestos. Mateo fue llamado a seguir a Jesús mientras cobraba los impuestos (Lc. 5.27).

El segundo versículo nos presenta dos personajes claves en nuestra narración: el centurión y su siervo. A ninguno de ellos vamos a conocer personalmente, pero ambos tienen papeles sumamente importantes en el drama. El siervo es el recipiente pasivo de la bendición de Jesús y el centurión el agente activo para lograrla.

En el mismo versículo se empiezan a manifestar situaciones y emociones que tendrán un papel decisivo en nuestra historia. Por una parte, la relación entre el centurión y su esclavo es peculiar. Lo normal sería que el amo, el dueño del esclavo, no se preocupara tanto por su salud. Los esclavos servían a sus amos como herramientas para realizar un trabajo. Cuando éstos ya no daban el servicio esperado, simplemente los abandonaban como inservibles. Qué curioso que afilaban un cuchillo que había perdido su filo o reparaban un arado roto, pero a los esclavos que se enfermaban o se hacían viejos simplemente los abandonaban como cosa inútil.

Sin embargo, Lucas nos dice que el esclavo estaba gravemente enfermo y a punto de morir, y que el centurión «quería mucho» a su siervo. En estas pocas palabras descubrimos el carácter del centurión. En el griego original, la palabra que se traduce como «quería mucho» se podría traducir literalmente como «precioso» u «honorable», lo que nos indica que el centurión tenía un gran afecto por su siervo, además de considerarlo de gran valor entre sus posesiones. En esta historia, el centurión no estaba preocupado simplemente por el valor o la ayuda que el siervo significaba en el manejo de sus propiedades, sino, según el espíritu en que Lucas nos lo dice, estaba verdaderamente preocupado por su esclavo como persona. Se trata de una preocupación sincera que se manifiesta en una historia de amor y armonía entre dos culturas, entre conquistadores y conquistados y entre amos y siervos.

Dos embajadas 3–8

Ahora principia la acción del drama. Cuando el centurión oye que Jesús está en la ciudad le envía un grupo de «ancianos» de los judíos con un mensaje especial. Esto nos indica en una forma más clara las buenas relaciones entre el centurión y la comunidad judía de Capernaum. Estos «ancianos» no son necesariamente gente vieja; este término se usa para designar a los oficiales o líderes judíos de una comunidad determinada. Lo notable, en este caso, es que estos líderes van en embajada con el mensaje de un oficial romano, un gentil. La petición es que Jesús vaya a la casa del centurión y sane a su siervo.

Es necesario enfatizar varias cosas. Por una parte, es notable que los ancianos de Capernaum y el centurión romano están en tan buenos términos que aceptan ayudarse mutuamente. Los ancianos están dispuestos a representar al enemigo, al pagano, al gentil, al subyugador de su país. Es hermoso ver como los judíos no sólo le dan a Jesús el mensaje del centurión, sino que también añaden su propia petición. ¡Los judíos interceden por el oficial romano! Los argumentos a favor del centurión tienen un gran valor cuando se considera quienes los presentan. Los ancianos declaran: este oficial «ama a nuestra nación» y «nos edificó una sinagoga».

Esto es sencillamente asombroso, pero es una hermosa realidad. El pueblo judío odiaba cordialmente a los gentiles, a los no judíos y, en una forma particular, a los romanos. Si consideramos que el centurión era un representante oficial del ejército conquistador y de un imperio que se mantenía por medio de la fuerza, cruelmente y sin compasión, nuestro asombro no tiene límites.

Se ha confirmado recientemente que el centurión romano, movido por su amor al pueblo judío, les construyó una sinagoga. En 1981, debajo del edificio que se conoce en nuestros días como «la sinagoga de Capernaum», un grupo de arqueólogos descubrió una estructura que se cree es la sinagoga construida por el centurión, donde Jesús enseñó y adoró. El turista que visita la Tierra Santa puede contemplar y admirar la parte visible, que fue construida en el siglo IV de nuestra era. Sin embargo, ahora se sabe que este edificio fue construido sobre la antigua sinagoga, utilizando las antiguas paredes de basalto como sus cimientos. Mateo (4.13) nos dice que Jesús vivió en Capernaum, probablemente en la casa de Pedro, y ahora podemos estar seguros que allí, en la antigua sinagoga, el Señor enseñó y anunció su Evangelio.

Jesús se encaminó, con los ancianos y con la multitud que lo rodeaba, a la casa del centurión. Cuando ya estaban cerca, éste envió una segunda embajada con un nuevo mensaje: «Señor, no te molestes, pues no soy digno de que entres bajo mi techo; por lo que ni aun me tuve por digno de venir a ti; pero dí la palabra y mi siervo será sano».

En esta parte del mensaje del centurión encontramos algunos detalles que debemos considerar para comprender mejor nuestra narración. Llama a Jesús «Señor», que era el nombre dado al emperador romano, que se consideraba un dios. No podemos saber qué había en la mente y en el corazón del centurión al usar tal término, pero sí podemos estar seguros de que con él le daba todo honor y honra a Jesús. Algunos piensan que era un prosélito, es decir, convertido de la religión pagana romana al judaísmo, pero no hay base para afirmar tal cosa. Otros piensan que el término es simplemente una señal de respeto. Pero siguiendo el espíritu de la historia se puede descubrir algo más. El centurión arriesga usar el nombre aplicado a los emperadores porque reconoce en Jesús, si no al mesías esperado por Israel, al menos a un personaje digno de todo honor y gloria.

En la siguiente declaración se descubre que el amor y el interés del oficial romano por el pueblo judío no eran superficiales. Al pedirle a Jesús que no entrara en su casa, el centurión mostraba que conocía las costumbres y las leyes judías. Sabía que todo buen judío se negaría a entrar en la casa de un gentil, porque, según la ley, se haría impuro. Probablemente sintió que Jesús estaba dispuesto a pasar por esta prueba y quiso evitársela. Desde cualquier punto de vista, habla muy alto del espíritu noble del centurión.

Junto con esta nobleza de espíritu encontramos también en este hombre una profunda humildad. Afirma que no es *digno* de que Jesús entre en su casa y, todavía más, afirma claramente que no se considera digno de ir a encontrarlo personalmente en el camino, razón por la que le había enviado la primera embajada. No olvidemos que el que está expresando estas ideas es un oficial del poderoso imperio romano y que el conquistador se está dirigiendo a un humilde individuo del pueblo conquistado.

Hay más en el mensaje del centurión: «dí la palabra, y mi siervo será sano». Esta es la porción del mensaje que mejor nos muestra el corazón de este notable hombre. Como en el caso de la hija de la mujer cananea (Mt. 15.21-28), Jesús se compadece de un gentil y se admira de su fe. En el caso del centurión, la alabanza que éste recibe es admirable, porque el Maestro sencillamente está diciendo que la fe de este oficial romano es más grande que la de cualquier miembro del pueblo escogido. La afirmación de Jesús es categórica: «Ni aun en Israel he hallado tanta fe».

No podemos saber si el centurión había conocido a Jesús anteriormente. Probablemente había oído hablar de él, sin llegar a conocerlo en persona. Sin embargo, sabía que Jesús tenía un poder que ningún otro hombre poseía. Seguramente no podía explicarse cabalmente el origen de este poder; tal vez no podía comprender quién era ese hombre que hacía milagros tan maravillosos; y tal vez ignoraba que Jesús era el Hijo de Dios. No obstante, en su corazón había la certeza de que Jesús podía usar su poder en favor del siervo. Su oración a través de sus amigos fue «¡Dí la palabra». Su fe era incompleta y le faltaba un razonamiento teológico, pero en su corazón había la convicción de que la palabra de Jesús era poderosa y que podía sanar de lejos.

Podemos comparar este caso con la actitud de Naamán y Eliseo (2 R. 5.1-17). En esta historia Naamán, general del ejército del rey de Siria, orgulloso de su poder, se siente humillado porque el profeta no se molesta en venir a rendirle pleitesía y porque le da una receta que le parece indigna de su rango: «Ve y lávate siete veces en el Jordán» (V. 10). Finalmente lo hace y queda limpio de su lepra. A ese milagro podríamos llamarlo «curación a regañadientes».

El caso del centurión es completamente distinto. En esta historia la humildad, el amor y la fe ocupan un lugar prominente y Jesús es el que tiene el poder y la autoridad, no el centurión romano. En esta historia la humildad, el amor y la fe ocupan un lugar prominente y Jesús es el que tiene el poder y la autoridad, no el centurión romano.

La Biblia de Estudio hace más clara esta porción de nuestra historia. En lugar de usar la expresión «dí la palabra» dice: «da la orden y mi siervo será sano». Este es el lenguaje al que estaba acostumbrado el centurión. Luego añade, siguiendo todavía a la Biblia de Estudio, «porque yo mismo estoy bajo órdenes superiores, y a la vez tengo soldados bajo mi mando. Cuando le digo a uno de ellos que vaya, va; cuando le digo a otro que venga, viene; y cuando mando a mi criado que haga algo, lo hace.»

En un sentido, podemos decir que ésta es una oración de intercesión en la cual late una fe poco común. Un comentarista nos informa que en la época de Cristo, cuando se enviaban embajadas como ésta, el enviado debía repetir palabra por palabra el mensaje del amo o amigo. Por esta razón podemos decir que el evangelista correctamente cita las palabras como procedentes de la boca del centurión aunque en realidad son pronunciadas por sus amigos. El oficial romano está orando por medio de ellos.

Una alabanza sorprendente, 9-10

La respuesta de Jesús a la petición de los amigos del centurión fue sorprendente. Concretamente, el centurión pide que el Señor «diga la palabra», que sane al siervo enfermo. Eso es todo. Sin embargo, la respuesta de Jesús es, según piensan algunos eruditos, la alabanza más grande que podemos encontrar en labios de Jesús. El evangelista nos dice que el Maestro se volvió para hablar directamente a la multitud, por lo que podemos pensar que sus palabras fueron escuchadas por todos: «Os digo que ni aun en Israel he hallado tanta fe».

¿El centurión romano tenía más fe que los discípulos de Jesús? ¿Más fe que los líderes religiosos del pueblo? ¿Qué querría decir Jesús con estas palabras? Estas son preguntas que debemos contemplar para entender esta historia. Ya hemos afirmado que la fe del oficial romano no era perfecta y ni siquiera sabemos hasta qué punto conocía a Jesús. Pero lo que sabemos acerca de los discípulos nos indica que su fe tampoco era perfecta. Ellos estuvieron con el Maestro durante tres años y, sin embargo, uno de ellos lo traicionó, otro lo negó y otro se resistió a creer en su resurrección. Al final, con excepción de Judas, todos fueron campeones de la fe.

Por otra parte, si queremos definir lo que quiere decir «fe» nos metemos en problemas muy difíciles. En los estudios de diferentes milagros presentados en el presente volumen descubrimos diferentes formas en que se manifiesta la fe, o en que el Señor descubre la fe. Por ejemplo, en el caso de la mujer enferma con flujo de sangre, Jesús es un participante pasivo ante la fe de una mujer que busca la salud. Sin embargo, al final dice: «Hija, tu fe te ha hecho salva; ve en paz, y queda sana de tu enfermedad».

En el caso de la mujer cananea (Mt. 15.21-28), el Señor se resiste a conceder lo que la mujer le pide. No obstante, después de una discusión y una súplica insistente, Jesús se lo concede pronunciando estas palabras: «Oh mujer, grande es tu fe; hágase contigo como quieres».

Tenemos otro incidente interesante: la resurrección del hijo de la viuda de Naín. Este es un caso diferente a los anteriores en el que, aparentemente, la fe no desempeña ningún papel o, si lo tiene, no aparece explícitamente en la narración. Jesús y su comitiva se aproximan a la ciudad y se encuentran con el cortejo fúnebre que va a enterrar al hijo único de una viuda de la ciudad de Naín. El Señor se conmueve al ver la escena y resucita al joven sin que su madre pronuncie palabra alguna.

¿Qué es la fe? ¿Es algo que guardamos en el corazón como un secreto, como en el caso de la mujer enferma de flujo de sangre? ¿Es algo que debemos ejercitar denodadamente para que se nos conceda lo que pedimos, como en el caso de la mujer cananea? ¿O es algo que Dios reconoce, y que puede anidar en el corazón sin que nos demos cuenta de que la tenemos, como en el caso de la viuda de Naín y del centurión de Capernaum?

Podemos estar seguros de que la fe es todo esto y algo más que no sabemos. Jesús descubre en el corazón humano cosas que nosotros no podemos ver, y responde a una fe radiante y poderosa, siempre con amor y gracia. Tal vez no podamos definir la fe, pero sí podemos vivir sostenidos por ella. Por esta razón la mejor definición de fe que tenemos es todavía la que encontramos en He. 11.1: «Es, pues, la fe la certeza de lo que se espera, la convicción de lo que no se ve».

Volviendo a la historia del centurión y su siervo, la narración concluye simplemente con estas palabras: «Y al regresar a casa los que habían sido enviados, hallaron sano al siervo que había estado enfermo». ¡Gloria a Dios!

Se cierra el telón

Aquí se cierra el telón para el drama que hemos estudiado, pero la historia sigue su marcha. Cuando el Señor toca una vida algo acontece, un cambio es inevitable. Después de haber contemplado este drama podemos reflexionar sobre algunos puntos: ¿qué pasó con el centurión? Podríamos pensar que se convirtió en un seguidor de Jesús, que renunció su puesto en el ejército de César para darse de alta en el servicio del que sería reconocido como Rey de reyes y Señor de señores.

Podemos pensar también en el resultado que esta experiencia pudo haber tenido en la vida del esclavo del centurión. En el drama tiene un papel completamente pasivo. Pero al ser tocado, aunque sea a la distancia, por la mano de Jesús, ¿qué cambio se operó en su vida? ¿Se transformó en otro

Onésimo (Col. 4.9)? ¿Recibió la libertad de su amo para poder seguir a Jesús como su discípulo por los caminos de Palestina?

Otro punto para reflexión sería ¿Qué pasó en la casa del centurión después de esta experiencia con Jesús? Indudablemente algo tuvo que suceder en las relaciones entre amo y esclavo, entre esposo y esposa, con los hijos, con el resto de la servidumbre. Una pregunta que viene a la mente es: ¿El amo y el esclavo formarían parte de los ciento veinte de que nos habla Lucas en Hechos 1.15?

Para reflexión y estudio:

1. El centurión se había ganado el corazón de su comunidad, en parte, por haber construido una sinagoga para ellos. ¿Qué lugar tienen las ofrendas y los diezmos en la vida del creyente?

2. Este drama se desenvuelve entre judíos y gentiles, dos culturas diferentes. ¿Qué lecciones podemos aprender con respecto a las relaciones entre razas y culturas diferentes en nuestros días?

3. El amor tiene un papel muy importante en esta historia. ¿En qué formas se manifiesta? ¿Es pasivo? ¿Es dinámico? Enumera algunas de las formas en que podríamos aprender a echar mano del amor en nuestros días.

4. ¿Qué papel desempeña la humildad en la vida cristiana? ¿Es necesariamente una manifestación de la fe?

5. La fe también tiene un papel importante en el drama. ¿Cuáles son algunas de las manifestaciones de la fe del centurión?

FE SOBRE LA MARCHA

❋ ❋ ❋

La curación de diez leprosos

Lucas 17.11-19

Jesús se encuentra de viaje rumbo a Jerusalén. La narración de este viaje, que finalmente lo llevará a la cruz, comienza en 9.51 y concluye en 19.28. La última etapa de esta jornada, tan llena de incidentes extraordinarios, principia con la historia de los diez leprosos

En una forma maestra, en sólo nueve versículos, Lucas nos narra la historia de uno de los milagros más interesantes de Jesús. Como en otras ocasiones, es un milagro a la distancia, sin mediar el toque de su mano. Los personajes de la historia son notables: un samaritano (los samaritanos y los judíos se odiaban mutuamente), un romano, y un gentil a quien los judíos deberían odiar, por gentil y por romano. También debemos hacer notar que este es el único milagro en que Jesús sana a un grupo de personas al mismo tiempo.

De lejos, 11-13

No es posible conocer la ruta seguida por el Señor en su viaje a Jerusalén. Aparentemente partió del área del mar de Galilea siguiendo una ruta hacia el suroeste, pero la frase «pasaba entre Samaria y Galilea» es difícil de comprender. La geografía de Palestina no va de acuerdo con esta indicación. Algunos eruditos piensan que esta dificultad se debe a que Lucas, siendo gentil, ignoraba la geografía de la Tierra Santa. Sin embargo, este problema no quita nada a la importancia de esta narración. Lo que el evangelista nos está indicando es que el Maestro se encuentra en un largo viaje a Jerusalén durante el cual las demandas de su tiempo y su energía se han multiplicado.

«Al entrar en una aldea» es una expresión ambigua. No se nos da el nombre de la aldea ni su situación geográfica. Pero, después de todo, la intención de Lucas no es darnos una lección de geografía de Palestina, sino rendir honor y gloria a Jesús, el hacedor de milagros. Al entrar en esta aldea, diez leprosos «le salieron al encuentro» pero se pararon *de lejos*. Esta expresión es importante porque nos muestra, dentro de su brevedad, la inmensa tragedia de este grupo de enfermos.

La lepra de la Biblia no es la misma enfermedad a que nos referimos con esta palabra en nuestros días. La lepra que conocemos nosotros se caracteriza por la aparición de úlceras, deformidades en los miembros y la pérdida de la sensibilidad. Según algunos estudios que se han hecho, la lepra bíblica era una enfermedad de la piel que, según Levítico, capítulos 13 y 14, se manifestaba por medio de hinchazones, erupciones, llagas y manchas blancas. Si los síntomas no pasaban de este punto, no se consideraba lepra; pero si de alguna manera se podía ver la carne viva, se consideraba lepra. Algunos comentaristas piensan que el padecimiento que se describe en esta historia era una forma de sarna o enfermedad de la piel, pero no era la dolencia que en nuestros días lleva ese nombre. Hoy se la llama enfermedad de Hansen, en honor del médico noruego A. Hansen quien descubrió la bacteria que causa tal enfermedad.

Sea la enfermedad que haya sido, el que la sufría padecía no solamente la pena de la dolencia misma, sino también del ostracismo de su familia y de su comunidad. El enfermo era considerado inmundo; tenía que vivir aislado de la comunidad y si alguien se acercaba a él sin saberlo estaba obligado a gritar «¡inmundo! ¡inmundo!». Su ropa debía estar rasgada, su cabeza descubierta y caminar embozado. Por esta razón los leprosos hicieron su petición *de lejos*. (ver Nm. 5.2-3; Lv. 13.46).

Así, de lejos, los leprosos «alzaron la voz», es decir, clamaron angustiosamente: «¡Jesús, Maestro, ten misericordia de nosotros!». En ese momento los leprosos estaban interesados únicamente en ser sanados de su enfermedad y su clamor iba dirigido a conmover el corazón del Señor para que los curara. No sabían que uno de ellos iba a ser curado no únicamente de su lepra física, sino también limpiado de la lepra del pecado. Iba a encontrar la salvación que sólo se encuentra en Cristo.

El nombre «Jesús» significa precisamente «Salvador», como podemos ver en Mateo 1:21. El ángel del Señor indicó a José que el hijo que nacería de María debería llamarse precisamente «Jesús», porque él iba a salvar al mundo de sus pecados. Esta es la razón del el desenlace de esta historia. Al empezar la narración los leprosos se hallan «lejos», pero al final uno de ellos se hallará cerca del Salvador, porque habrá encontrado la salvación que Jesús ofrece.

Cuando el pecado aparece en la vida del ser humano, inmediatamente hay una separación de Dios. Lo podemos ver en la historia del Jardín del Edén. Cuando Adán y Eva sucumben a la tentación de Satanás, se dan cuenta de que están desnudos, cosa que anteriormente no les preocupaba. Cuando

Dios los busca, se esconden, aunque anteriormente gozaban su presencia y compañía.

Jesús mismo nos enseña lo que sucede con el pecador y nos muestra el camino a la reconciliación. En la parábola del Hijo Pródigo, el pecado separa el hijo del padre en una forma drástica; el pródigo va a vivir a una «tierra lejana» porque su pecado le impide estar cerca del hogar. Al final, cuando el joven «vuelve en sí» y regresa, su padre lo recibe con amor y suma alegría. El pecado aleja al hijo. El arrepentimiento es el camino a su reconciliación —podríamos decir, a su salvación.

Sobre la marcha, 14
Este versículo es muy interesante. En primer lugar, Jesús ordena a los leprosos que vayan a mostrarse a los sacerdotes para que éstos certifiquen que están sanos. Este es un caso que suscita varias preguntas: ¿Por qué obedece Jesús la ley en esta ocasión cuando en otros casos la desobedece? Es notable el número de veces que sana en sábado y cuando censura a los fariseos por su excesivo celo de la ley.

También es interesante considerar que entre los diez leprosos había por lo menos uno que era samaritano. Este grupo étnico no tenía ninguna relación con los judíos y viceversa. Tenía su propio centro religioso en el monte Gerizim y mantenía su propio cuerpo sacerdotal. Nunca visitaba Jerusalén ni buscaba el auxilio de los sacerdotes allí. ¿Por qué enviaría Jesús a este samaritano a presentarse ante los sacerdotes judíos? Lo único que podemos hacer es especular sobre el asunto, pero nunca podremos saber lo que había en la mente de Jesús.

Algunos eruditos piensan que el Señor trata de romper las barreras raciales, indicando que la salud física es el resultado de una salud completa que incluye buenas relaciones entre diferentes razas. Para el Señor la salud era completa: física, mental y espiritual. Otros estudiantes de la Biblia piensan que Jesús estaba probando la fe de los leprosos, según la personalidad de cada uno. El leproso samaritano tenía que ir a mostrarse a sus enemigos tradicionales para que lo declararan sano. Puede ser que otros tuvieron que vencer otros obstáculos, pero al final todos tenían que ir por el camino con la fe de que serían curados.

Otros piensan que el punto principal de esta orden del Maestro radica en la obediencia. Jesús podía curarlos allí mismo. Tenía poder para hacerlo. Sin embargo les dio esa orden para que los leprosos ejercitaran su obediencia. No es suficiente tener fe; es necesario ejercitarla en el camino de la obediencia. Podemos imaginar al grupo de diez personas enfermas, andrajosas, malolientes, echándose al camino para seguir la instrucción de Jesús. No saben cómo van a ser curados, pero tienen fe en que Jesús lo hará. Y así, probablemente algunos con muletas, otros renqueando, pero todos sufriendo, caminan *obedientemente* a encontrarse con los sacerdotes.

Tal vez podríamos decir que todos estos elementos se encuentran escondidos en la orden de Jesús. Por alguna razón, en este caso en particular, fue necesario sujetarse a la ley, tener fe y ejercitarla por medio de la obediencia. Pero todavía hay algo más en este versículo. Lucas nos dice: «Y aconteció que mientras iban, fueron limpiados». Notemos las palabras *mientras iban*. Esto quiere decir que los leprosos se arrojaron al camino, principiaron a caminar, para cumplir la orden de Jesús.

No está fuera de lugar echar a volar la imaginación en este punto. Como hemos dicho, en el grupo había por lo menos un samaritano. Era un grupo astroso de personas sufriendo profundamente la angustia de la enfermedad y seguramente algunos sentían el dolor en sus pies lacerados a cada paso. Podemos ver los más fuertes del grupo ayudando a los más débiles, ofreciendo sus hombros a los que sufrían al caminar o a los fatigados. Cuando el dolor y la angustia se presentan, las barreras de raza, posición social y de prejuicios religiosos desaparecen.

¡Entonces sucede el milagro! Mientras caminan, los leprosos son curados. Las heridas sanan, la carne viva se cubre de carne nueva y piel sana; el dolor y todos los síntomas de la enfermedad desaparecen. Jesús, el Señor de la vida y de la muerte, ha realizado otro de sus portentos.

Un corazón agradecido, 15-18

Nuestra historia se hace más interesante por momentos. Mientras el grupo avanza, con dificultad pero con entereza, principian a notar que algo está sucediendo. El dolor es menos, pueden caminar con mayor facilidad y la carne y la piel enferma desaparecen de sus cuerpos. De pronto surge el grito de gozo, sorpresa y alabanza: ¡Estamos curados, Jesús ha hecho el milagro, gloria a Dios! Entonces, ya no caminando sino corriendo, van a buscar a los sacerdotes, como el Señor les pidió.

En este punto algunos comentaristas indican que el samaritano no fue a presentarse ante los sacerdotes sino que regresó a Jesús sin visitarlos. Podemos imaginar a los nueve caminando apresuradamente en busca de los dignatarios religiosos para cumplir la ley y lo que el Maestro les pidió; pero uno de ellos, el samaritano, en medio del camino, piensa y medita —Lo que ha sucedido es por la gracia de Dios. Es necesario darle gracias. Es necesario alabarlo por esta curación tan notable. La actitud del samaritano debe hacernos reflexionar. ¿Sería posible que no fue a presentarse a los sacerdotes judíos porque sabía que iba a ser rechazado por ellos por ser samaritano? Los otros nueve están seguros de pasar la prueba y ansían el momento de ser reintegrados a la sociedad, con el resultado de que cuando son declarados limpios olvidan regresar a dar gracias a Jesús. Pero aquel a quien las estructuras, incluso las religiosas, rechazan, se vuelve a Jesús para darle gracias.

El evangelista nos dice que lo hizo «glorificando a Dios a gran voz». Este samaritano nos enseña que cuando tenemos buenas intenciones de dar gracias a Dios o de alabarlo, debemos ejecutarlas tan pronto como vienen a nuestra mente. Podemos extender esta enseñanza a todas nuestras decisiones que tienen que ver con Dios o con la Iglesia. Muchas veces posponemos nuestra decisión de abrir nuestro corazón a Dios, esperando haber vencido esta o aquella condición de pecado. Nos negamos a ser miembros de la iglesia porque no hemos podido vencer alguna inclinación pecaminosa o porque una tentación es todavía muy fuerte en nuestra vida. El samaritano curado nos enseña que el mejor tiempo para decidirnos es *ahora*, sobre la marcha. Esta es también la exhortación de Jesús: Es necesario trabajar mientras tengamos la oportunidad porque «viene la noche cuando nadie puede trabajar» (Jn. 9.4).

Cuando tenía aproximadamente doce años me enfermé de tifoidea. La enfermedad se complicó con meningitis y estuve a punto de morir. Pasé un mes en la cama, pero finalmente me recuperé y volví a mi vida normal. El doctor que me atendió tuvo un hijo que llegó a ser médico también y vive en el sur de California con su familia. Hace algún tiempo comenté con él mi caso y le manifesté mi gratitud para con su padre por haberme curado de la tifoidea. El me contestó casi riendo: «¡No! Mi papá no te curó. De hecho no te podía curar, porque en aquellos años no había medicinas contra la tifoidea. Como muchos ¡tuviste suerte y te salvaste!». Mi gratitud a Dios y al médico que me «curó» siempre ha sido profunda, pero desde que tuve esa plática con mi amigo mi gratitud a Dios es más real y verdadera, porque ahora sé que Dios usó a ese médico en particular para sanarme.

Otra cosa que nos enseña este samaritano agradecido es que no debemos avergonzarnos de alabar a Dios. Lucas nos dice que el leproso curado regresó «glorificando a Dios *a gran voz*». Muchas veces estamos dispuestos a alabar a Dios en la iglesia durante la hora del culto, cuando toda la congregación está dispuesta a hacerlo, pero nos resistimos a hacerlo cuando nos encontramos en grupos ajenos a la iglesia o entre amigos incrédulos. El samaritano no había tenido tiempo de lavarse y cambiarse la ropa; estaba tan sucio y andrajoso como cuando Jesús lo había enviado a presentarse a los sacerdotes. Por otra parte, su nacionalidad lo hacía vulnerable: era extranjero en territorio enemigo. Sin embargo, sucio y mal vestido, sin pensar en las consecuencias de su acción, se arriesgó y regresó a Jesús para glorificar a Dios a gran voz. Estas palabras nos recuerdan que al pedir la ayuda de Jesús los leprosos «alzaron la voz», es decir, gritaron, porque estaban lejos. Ahora el samaritano agradecido también «alzó su voz» para bendecir a Dios y darle gracias por la maravilla que había hecho en su vida. (ver 1 Ts. 5.18).

Esta sección de nuestro estudio puede concluir con la pregunta de Jesús, preñada de tristeza: «¿No son diez los que fueron limpiados? Y los nueve, ¿dónde están?»

Fe que salva, 19

El versículo 19 contiene el desenlace y la culminación de la historia. En unas cuantas palabras el evangelista nos dice cosas sumamente importantes. Sobre los otros nueve leprosos no podemos comentar mucho porque no sabemos qué les pasó finalmente. Según Lucas, ellos también fueron sanados pero puede ser que, en medio de la excitación y el gozo del milagro, olvidaron regresar a Jesús con una palabra de gratitud.

Jesús, aunque triste por la actitud de los nueve que no volvieron, manifiesta gozo por el que regresó. Las palabras que usa en el versículo anterior merecen nuestra consideración: «¿No hubo quien volviese y diese gloria a Dios sino este extranjero?» El Señor indica que su Padre es el autor del milagro. En varias ocasiones afirma que la fuente de su poder es Dios, el Padre, y que él es simplemente su instrumento (Jn. 5.17, 36; 9.4; 10.25).

Jesús da dos órdenes al samaritano. La primera es «¡levántate!». Este hombre, profundamente agradecido, reconociendo el poder del Señor y percibiendo en su corazón que Jesús era algo más que un maestro, como habían imaginado él y sus compañeros (ver el V. 13), al encontrarse de nuevo con Jesús se postró «rostro en tierra» en actitud de profunda gratitud y reverencia. Esta es una postura que denota adoración, reverencia y sumisión, actitudes que debemos guardar delante de nuestro Señor y Maestro. Pero no debemos permanecer en esa actitud constantemente. El cristiano debe estar listo para oír, en medio de los actos de culto y adoración en que participe, ya sea como parte de una congregación o en lo privado de su recámara, la voz de Dios indicándole cómo debe comportarse como ciudadano de su reino.

En las Escrituras tenemos por lo menos dos ejemplos en los cuales Dios exige a sus siervos que se pongan de pie para oír su voz. El cristiano debe estar en posición de «firme» delante del Señor para poder escuchar sus órdenes de marcha. El primer ejemplo lo tomamos de la historia de Elías, cuando se escondió en una cueva en el monte Horeb, temeroso de que Jezabel lo persiguiera para matarlo, porque él había hecho lo mismo a los 450 profetas de Baal en el monte Carmelo. Elías tiene miedo y se esconde, pero Dios viene y le da la orden: «¡Sal fuera y ponte de pie delante de Jehová!». Esto es lo que quiere decir el hebreo original (ver 1 R. 19.11). Dios no puede tratar con personas atemorizadas. Dios requiere que quien le sirve esté en actitud de «firmes», y en «atención».

El otro ejemplo lo encontramos en Ezequiel 2.1. En el versículo anterior tenemos a Ezequiel postrado sobre su rostro en adoración, en la misma manera en que el samaritano lo hace delante de Jesús. Dios le da la misma orden que a Elías: «Hijo de hombre, ponte sobre tus pies, y hablaré contigo». La adoración y la piedad son de desearse en la vida cristiana y debemos ejercitarnos en ellas, pero Dios busca personas que sean discípulos activos en su reino. ¡De pie! ¡Firmes, atención! ¡Adelante, a cumplir la demanda!

La segunda orden que Jesús da al samaritano es brusca y terminante: «¡Vete!». Pero en esta orden no debemos ver disgusto ni un espíritu racista: Tú eres samaritano y yo soy judío, no te necesito. Al contrario, en los evangelios tenemos un gran número de ejemplos en los que el Maestro tiene tratos fraternales muy hermosos que muestran su amor por otras razas: la mujer sirofenicia, el centurión romano y la mujer samaritana. Este mandato de Jesús nos hace recordar la curación del endemoniado gadareno que encontramos en Marcos 5.1-20. En esa historia, cuando el joven es sanado tiene el impulso natural de querer seguir a Jesús; quiere ser su discípulo. Marcos nos dice que el que había sido un endemoniado rogaba al Maestro que le permitiera ir con él. La respuesta de Jesús tiene el mismo carácter final y brusco que encontramos en el caso del samaritano agradecido, aunque en esta ocasión Jesús explica la razón de su decisión: «¡Vete a tu casa, a los tuyos, y cuéntales cuán grandes cosas el Señor ha hecho contigo, y cómo ha tenido misericordia de ti!» (Mr. 5.19).

El Maestro quería que el samaritano fuera a su comunidad y mostrara entre su pueblo y su parentela las «grandes cosas que el Señor había hecho con él y como había tenido misericordia de él». No podía haber un testimonio más poderoso que el de ver al samaritano que había sido arrojado de su comunidad, enfermo y andrajoso, regresar ahora sano, limpio, adecuadamente vestido, y lleno de gratitud y alabanzas. Esta es la tarea de todo verdadero discípulo de Jesús: anunciar, publicar, y mostrar en su comunidad las maravillas que él ha hecho en su vida.

Las últimas palabras de nuestra historia son: «Tu fe te ha salvado». Estas palabras son también la culminación del milagro. Decimos esto porque los otros nueve leprosos también recibieron la salud (V17), pero solamente el samaritano escuchó las palabras de salvación. En griego, la palabra «salvación» puede entenderse como rescatar a una persona de algún peligro o sufrimiento; tiene también la acepción de salud y curación de una enfermedad; o bien, puede entenderse como reconciliación con Dios, usándola en la forma evangélica de salvación del pecado y sus consecuencias.

El samaritano de nuestra historia recibió una salvación completa que le restituyó su personalidad y su dignidad; en otras palabras, lo hizo una criatura nueva. Al principio de nuestro pasaje los enfermos se encuentran «lejos» y tienen que gritar para pedir ayuda. Al final, el que regresó para dar gracias a Jesús y alabar a Dios está «cerca», a los pies de Cristo, y recibe todos los beneficios de la reconciliación.

Nuestro Señor Jesucristo es el camino de nuestra salvación (ver Jn. 14.6), quien nos reconcilia con Dios. De todas las bendiciones que recibió el samaritano al encontrarse con Jesús, la más grande fue su salvación. Y esta fue el resultado de su retorno a Cristo. El venía simplemente a dar gracias por la salud física que había recibido, pero Jesús tenía mucho más que darle: perdón, reconciliación, y salvación. Santiago exhorta con todo su corazón: «acercaos a Dios, y él se acercará a vosotros» (Stg. 4.8). Concluiremos este estudio con un poema que expresa bellamente el pensamiento y el sentimiento que hemos procurado describir:

Retorno

Voy a seguir Tus huellas,
Jesús, definitivamente.
Sólo beberé el agua de Tu fuente,
Sólo amaré el fulgor de Tus estrellas
Y hacia Tu paz afirmaré la frente.

¡Cuán pavorosa la aventura
De mi triste desvío!
Mis flores eran cardos, la amargura
De las aguas de Mara mi dulzura,
Mi luz la sombra y mi calor el frío . . .

Mas torno a Ti, Jesús, Hermano mío,
Y hoy sí tendrá mi ruta nuevamente
Olor de nardos y brillar de estrellas,
Porque definitivamente
Voy a seguir Tus huellas.

Gonzalo Báez-Camargo

Para reflexión y estudio

1. Los leprosos de nuestra historia clamaron pidiéndo a Jesús que curara

su enfermedad. Haz una lista de los problemas que estás enfrentando y ponlos en las manos de Dios.

2. Los leprosos tuvieron que demostrar su fe en el camino, sobre la marcha. ¿Cuál es la condición de tu fe? Piensa en las oportunidades de servicio en el reino de Dios que se te han presentado y que te has negado a aceptar por temor al fracaso, argumentando falta de preparación o cualquier otra excusa. Pídele a Dios valor para aceptarlas en el futuro.

3. La fe del samaritano agradecido se expresó en obediencia y alabanza. ¿Cómo das testimonio de tu fe? Es necesario ejercitarla. Piensa en algunas formas en que lo estás haciendo o en que deberías hacerlo.

4. El samaritano agradecido dio gloria a Dios sin temor. ¿Cómo respondes cuando te preguntan acerca de tu fe? ¿Qué saben en tu trabajo acerca de tu relación con Cristo?

5. Finalmente, lee una vez más el poema con el que concluimos nuestro estudio. Hazlo como tu oración personal, diciendo «¡Amén!» al final, para indicar un verdadero retorno y una completa entrega al Señor.

¿POR QUÉ NO PUDIMOS?

❋   ❋   ❋

Jesús sana a un joven endemoniado

Mr. 9.14-29; Mt. 17.14-21; Lc. 9.27-43

El evangelista Marcos nos ofrece una narración vívida y dramática de uno de los milagros más interesantes de Jesús. Los detalles son notables y nos hacen pensar que se deben al relato que el evangelista escuchó directamente de uno de los testigos presenciales, probablemente Pedro.

Los tres evangelios sinópticos colocan la historia de la curación del joven endemoniado después de la transfiguración del Señor, con la única diferencia de que Lucas incluye la genealogía de Jesús entre ambas historias. Este es un detalle interesante: en el monte de la transfiguración aparecen Moisés y Elías que hablan con Jesús «de su partida, que iba Jesús a cumplir en Jerusalén», según nos aclara Lucas (Lc. 9.31).

Podríamos decir que el portento de la transfiguración sirvió a Jesús como preparación para enfrentarse con la cruz, así como el bautizo le sirvió para enfrentarse con las tentaciones de Satanás y el inicio de su ministerio. Durante su bautizo, tanto como durante la transfiguración, se escucharon las mismas palabras: «Este es mi Hijo amado, a él oíd». Lucas nos dice que el endemoniado es el único hijo del padre (Lc. 9.38) y en Mateo encontramos las palabras acerca del grano de mostaza y la fe que puede mover montañas (Mt. 17.20).

Principia la narración, 14-16

El Señor desciende de la montaña acompañado de Pedro, Jacobo y Juan, quienes vienen inflamados de gozo y llenos de asombro por lo que han visto y experimentado. A la distancia, pueden ver a un grupo gesticulando animadamente. Al acercarse, descubren que los demás discípulos se encuentran en una acalorada discusión con los escribas, rodeados de una gran multitud que trata de escuchar los argumentos que se presentan.

Marcos nos dice que cuando la gente descubre que Jesús se acerca, «se asombró» al verlo. Algunos comentaristas ven en estas palabras una referencia a la experiencia de Moisés al descender del Sinaí después de hablar con Dios, cuando su rostro brillaba de tal manera que tuvo que usar un velo para que el pueblo pudiera hablar con él sin deslumbrarse (Ex.34.29-25). El rostro de Cristo brillaba también después de su experiencia en la cumbre de la montaña, lo que causó el asombro de la multitud.

Otros piensan que el asombro se debió a que la multitud no esperaba el retorno de Jesús tan pronto; que su llegada fue motivo de un asombro que indicaba gozo por el retorno tan oportuno del líder y maestro capaz de resolver el problema que se había presentado.

La pregunta de Jesús va dirigida a la multitud: «¿Qué disputáis con ellos?» Pregunta que abre la puerta para que el milagro se efectúe.

La impotencia de los discípulos, 17-19.

La puerta de entrada al milagro es un tanto embarazosa para los discípulos de Jesús. A su pregunta responde una voz entre la multitud. El padre, con un tono de reproche mezclado con angustia y frustración, declara que ha traído a su hijo enfermo para que lo sanen sus discípulos y no han podido hacerlo. Incluso, describe la enfermedad de su hijo a Jesús en términos sumamente gráficos, cosa que indudablemente ya había hecho anteriormente a los discípulos: El demonio lo sacude, echa espumarajos y cruje los dientes.

Este relato concluye con palabras que, en labios de un padre acongojado, tienen matices muy tiernos, como si dijera: «Mi hijito se me va secando. Mi hijito se me va consumiendo poco a poco; lo traje a tus discípulos para que lo curaran y no pudieron echar fuera al demonio que lo posee».

La referencia al espíritu mudo y sordo (17,25) implica que el jovencito no podía hablar ni oír. Lo que tenemos aquí no es únicamente un trastorno de carácter nervioso, sino un caso de posesión demoniaca. La violencia de los ataques y la referencia a los repetidos intentos de destruir al joven (ver Mr. 9.20-26), arrojándolo al fuego y al agua (9.22), indican que el propósito del demonio es distorsionar y destruir la imagen de Dios en el ser humano. Que esta destrucción se procure realizar en un jovencito indica la violencia de la lucha entre Satanás, comandante del reino de las tinieblas y la muerte, y Jesús, Rey de la luz y dador de la vida.

Generalmente se afirma que la enfermedad del jovencito era epilepsia, dados los síntomas que se describen. En la antigüedad, esta enfermedad era llamada «enfermedad sagrada» porque se consideraba que era un castigo de la divinidad. Mateo usa el término «lunático» en su narración, que también puede considerarse como un nombre técnico para esta enfermedad en el pasado. No deben preocuparnos los nombres que se le den a la condición en que se encontraba el enfermo. Tenga este nombre o aquél, la realidad es que el demonio lo poseía y lo iba destruyendo poco a poco, sin que nadie pudiera hacer nada. El jovencito literalmente se «iba secando» ante la vista angustiada del padre, sin poder encontrar remedio.

Jesús no reprocha a sus discípulos su fracaso, sino que presenta una pregunta retórica: «¿Hasta cuándo he de estar con vosotros? ¿Hasta cuándo os he de soportar?» Con esta pregunta el Maestro pone al descubierto su corazón, en el que hay un sentimiento de soledad y derrota. Ha llevado adelante su ministerio enseñando y sanando ya por algún tiempo, y ahora descubre que el pueblo y aun sus discípulos todavía no han comprendido completamente su mensaje; carecen de una fe poderosa. Al final, esta falta de fe del pueblo lo llevaría a la cruz.

En esta pregunta de Jesús, que realmente son dos, se encuentra una amonestación escondida que se descubre cuando recordamos las palabras de Dios dirigidas a su pueblo, recordándoles su infidelidad: «Ellos fueron rebeldes, e hicieron enojar su santo espíritu» (Is. 63.8-10). Ahora Jesús expresa el mismo sentimiento en relación con el Israel de su tiempo. La infinita paciencia de Jesús se pone de manifiesto cuando continúa instruyendo a los doce, preparándolos para el día en que estarán solos, llevando sobre sus propios hombros el establecimiento del Reino (Mr. 3.14-19, 9.28-29, 14.28; 16.7)

La última palabra del versículo 19 es una orden. Ahora Jesús controlará los acontecimientos. Los discípulos no pudieron hacer nada con el demonio, ahora Jesús se enfrentará con él. Su orden es una declaración de guerra contra Satanás: «¡Traédmelo!». Orden que implica que le traigan al jovencito enfermo. Pero su cuerpecito que «se va secando» en esos momentos es propiedad del demonio, así que lo que Jesús está pidiendo es que le presenten también al enemigo de nuestras almas.

De corazón a corazón, 20-24.

Cuando le traen al jovencito endemoniado, Satanás lo sacude con violencia y lo arroja a la tierra, donde se revuelca, echando espumarajos. Jesús observa todo con calma. Sabe que el diablo le está mostrando su poder y el control que tiene sobre el enfermo. Sin aspavientos y seguro de sí mismo, Jesús inicia un diálogo con el padre del enfermo: «¿Cuánto tiempo hace que le sucede esto?» A lo que el padre responde: «Desde niño.»

Muchas veces las palabras no expresan todo el sentido y la emoción cuando las vemos escritas. En este diálogo se puede descubrir un corazón que responde a las necesidades humanas con amor y comprensión, a un Jesús siempre dispuesto a servir. Indudablemente el padre siente esta buena disposición del Señor y también abre su corazón con libertad. Le narra más detalles de la enfermedad de su hijo que muestran como se ha manifestado el poder de Satanás en su cuerpo y concluye con una petición que expresa, por una parte, el amor entrañable que tiene por su hijo y, por otra, la esperanza de que Jesús pueda curarlo.

La expresión «Si puedes hacer algo» indica duda y una fe vacilante e insegura. Los discípulos habían tratado de curar al enfermo sin lograrlo. Probablemente el padre piensa que aunque los discípulos no han podido, el Maestro sí podrá. Las palabras «ten misericordia de nosotros y ayúdanos» podrían llamarse *la oración de una fe vacilante*, porque el padre no está seguro de que Jesús pueda ayudarlo pero, en su desesperación, extiende su mano pidiendo ayuda con la esperanza de recibirla. Además, las palabras del padre están expresadas en plural, lo que podría indicar que esté incluyendo a la familia del enfermo; probablemente a su esposa y a otros hijos o hijas. También podría ser que el padre está completamente identificado con su hijo y sufre con él. De cualquier manera, sus palabras denotan un corazón amoroso, una personalidad sana y una mente abierta para recibir ideas nuevas, incluyendo las bendiciones de Dios.

La respuesta de Jesús es un reto al padre afligido. Los comentaristas nos indican que, según el griego original, estas palabras deberían expresarse entre signos de admiración, —«¡Si puedes!»— con cierta ironía y con una sonrisa en los labios, como si dijera: ¿Qué dices?, el problema no es mío, sino tuyo. Yo sí puedo, pero tú, ¿puedes creer?

La respuesta concreta de Jesús es: «Si puedes creer, al que cree todo es posible». El padre responde inmediatamente, lanzando un grito: «¡Creo; ayuda mi incredulidad¡». Lo que sucede aquí es que el padre confiesa que su fe es defectuosa y que para perfeccionarla y fortalecerla necesita la ayuda del Maestro. Con este grito del corazón, el padre muestra una fe más firme que la de los discípulos de Jesús.

Las palabras del padre resumen bellamente el carácter de la vida cristiana: cuando los problemas de la vida nos acechan y nuestra fe es débil y tambaleante, somos, por medio de nuestro Señor Jesucristo, más poderosos (2 Co. 12.10). El cristiano maduro es consciente de su pecado, al mismo tiempo que lleva un gozo permanente en el corazón porque sabe «en quién ha creído» (2 Ti. 1.12) y quién tiene el poder para librarlo del pecado y de la muerte.

En contraste, los discípulos confiaban en sus propias fuerzas, creyendo que el don que Jesús les había dado de sanar enfermos y echar fuera demonios (3.14-15) era algo automático o mecánico. Creían que por haber tenido éxito en el pasado (6.7-13) lo tendrían siempre, sin necesidad de recurrir a Jesús constantemente y sin comprender que es necesario mantener una fe vigorosa por medio de la oración.

¡Sal de él!, 25-27.

Jesús está listo para enfrentarse al demonio. No echa mano de recursos taumatúrgicos ni de palabras o acciones mágicas. Simplemente usa su palabra poderosa y ordena a Satanás: «Espíritu mudo y sordo, yo te mando, sal de él, y no entres más en él». Inmediatamente el demonio abandona el cuerpo del jovencito, pero no sin ofrecer una buena batalla. El testimonio de Marcos nos dice que el demonio salió con gritos, sacudiendo al joven con tal violencia que «quedó como muerto» —tanto así que para los que contemplaban la escena, estaba realmente muerto.

Sin embargo, el Señor sigue actuando con firmeza y aplomo. El sabe que Satanás ha sido derrotado, pero es necesario dar testimonio delante de la multitud de que el milagro está consumado y que él, Jesús, lo ha efectuado. Como en el caso de la hija de Jairo (5.39-42), toma al jovencito de la mano, lo endereza y, entonces, el endemoniado curado se levanta por sí mismo.

Es interesante imaginar lo que sucedió. Según la narración de Marcos: Jesús tomó de la mano al jovencito y lo ayudó a ponerse en pie, para lo cual debe haberse agachado, tal vez poniéndose sobre sus rodillas, para poner su brazo en la espalda del joven y ayudarlo a sentarse sobre la tierra de donde él ya podía levantarse por sí mismo. Marcos no nos dice la impresión que el milagro causó en la multitud, pero Lucas indica que Jesús «se lo devolvió a su padre» y que todos quedaron sorprendidos de la grandeza de Dios (Lc. 9.42-43).

La curación es completa y definitiva. Jesús ordena al demonio: «No entres más en él» (ver Mt. 12.43-45; Mr. 9.25).

En privado, 28-29.

Ya el Señor y sus discípulos están en casa y la multitud ha desaparecido. En la seguridad del hogar, los discípulos se sienten confiados para hacer la pregunta que consume sus espíritus: ¿Por qué nosotros no pudimos echarle fuera? Después de su fracaso los discípulos se sentían derrotados y humillados por no haber podido efectuar el milagro delante de la multitud como en otras ocasiones lo habían hecho. El Señor responde sencillamente: «Este género no puede salir, sino con oración y ayuno». Es decir, este tipo de demonio requiere una gran cantidad de fe y oración.

La respuesta de Jesús es para toda la comunidad cristiana. La oración es de vital importancia, no únicamente para los exorcismos sino en todas las situaciones de la vida. Debemos aprender, por medio de la fe, a depender absolutamente del poder de Dios.

Para reflexión y estudio:

1. ¿Hasta cuándo? Jesús hizo esta pregunta a sus discípulos y ahora la

hace a nosotros, personalmente. ¿Has oído su llamado? ¿Has respondido afirmativamente? Ahora pregúntate: ¿He comprendido lo que Jesús espera de mí?

2. Los discípulos no pudieron sanar al joven endemoniado por falta de fe. ¿Es tu fe radiante? Si tu fe flaquea ante los problemas de tu vida, pídele a Dios una fe poderosa y él te la dará. Recuerda las palabras del Maestro: «Al que cree, todo le es posible» (Mr. 9.23).

3. Reflexiona sobre tu vida de oración. ¿Reservas algún momento diariamente para el cultivo de tu vida espiritual? Jesús quiere que sus discípulos oren constantemente (Mr. 9.29; 1 Ts. 5.17).

EL ENDEMONIADO GADARENO

⁘ ⁘ ⁘

(Mr. 5.1-20; Mt.8.28-34; Lc. 8.26-39)

La energía de Jesús era inagotable. Según el Evangelio de Marcos, antes de efectuar su milagro en Gadara ya había sanado a un hombre que tenía la mano seca y a muchas otras personas a la orilla del mar; había llamado a los discípulos que iban a estar con él; había discutido con las autoridades religiosas y enseñado largamente a la multitud. El evangelista nos presenta un Jesús que en verdad cumple sus enseñanzas. El dijo: «Mi Padre hasta ahora trabaja, y yo trabajo» (Juan 5.17), y lo demostró claramente.

Aparentemente, el Maestro ya tenía planeado cruzar el mar porque en Mr. 3.9 pide a sus discípulos que tengan siempre la barca lista, por si acaso el gentío lo oprimiese. Poco después, en la narración de Marcos (4.1), usa la barca como púlpito para enseñar de nuevo a la multitud que se agrupa a la orilla del lago, mientras él habla desde la barca.

Al llegar la noche, el Señor decide ir al otro lado del mar (4.35). Durante la travesía duerme; necesita descansar. Pero, de repente se desata una tormenta en el lago; los discípulos se llenan de pánico y lo despiertan para que los ayude. Jesús calma la tormenta y llegan a la tierra de los gadarenos, en donde ha de efectuar otro de sus grandes milagros.

El endemoniado de Gadara, (5.1-5)

Jesús y sus discípulos llegan al otro lado del mar, a la región de los gadarenos. En este estudio se sigue la Versión Reina Valera Revisada, 1960, por lo que usamos los nombres gadareno y Gadara. Sin embargo, en la Versión Popular se usa el nombre Gerasa y en algunas otras se usa el nombre Gergesa o tierra de los gergustenes.

El problema del nombre obedece a la dificultad de la traducción. El nombre griego del lugar ha sufrido ligeras variantes a través de los siglos y los traductores han ofrecido los nombres que indicamos. Lo importante es saber que, sea el que sea el nombre del lugar, el milagro se efectuó.

Gadara se encontraba a nueve kilómetros y Gerasa a cuarenta y ocho kilómetros al este del lago de Galilea, en el valle de Galaad. En ninguno de estos dos lugares se encuentran las características topográficas que Marcos describe en su narración, tales como el despeñadero hacia el mar, ya que estos dos lugares se encuentran muy lejos del mar. Algunos comentaristas resuelven el problema indicando que Marcos no menciona ninguna ciudad o pueblo, simplemente dice «región de los gadarenos», que se refiere a un distrito o área geográfica, no a un lugar específico.

Los cristianos de los primeros siglos de la iglesia fijaron el lugar del milagro en la orilla nordeste del mar de Galilea donde termina la barranca Samak: lugar que se conoce hoy día como el valle de Kursi. Los factores que se señalan para llegar a esta conclusión son los siguientes: 1. Su ubicación en la orilla oriental del lago. 2. Su proximidad a un centro urbano que podría llamarse Gadara, Gerasa o Gergesa. 3. La topografía del lugar, especialmente la empinada colina en donde, se supone, pacían los cerdos.

En 1970 fueron descubiertas, en este lugar, las ruinas de una basílica y una capilla que se cree fueron construidas para conmemorar el milagro de la curación del gadareno. Según los arqueólogos, todo indica que ese fue el lugar. Incluso, se nos dice, la capilla fue construida en torno a una piedra enorme que marca el lugar exacto del milagro.

Aunque no conocemos con absoluta seguridad el lugar en que el gadareno fue curado, podemos afirmar que el milagro tuvo lugar en alguna parte de la orilla oriental del mar de Galilea. También podemos decir que era una área gentil, debido a la presencia de los cerdos y al hecho de que la región a la que arribaron Jesús y sus discípulos formaba parte de Decápolis, una región reconocida como gentil por los judíos. Por esta razón, se puede conjeturar que el endemoniado era gentil.

En el Nuevo Testamento la existencia de los demonios, agentes de toda clase de calamidades y enfermedades, se da por sentada. Los nombres que reciben son Satanás, Diablo, Belial y Beelzebú. El origen de la palabra «demonio» es incierto. Probablemente está relacionado con el verbo griego *daimon*, que significa destruir, dividir, despedazar y «comedor de cadáveres». A los demonios se les atribuyen fuerzas sobrenaturales.

El término «endemoniado», en el griego original, aparece trece veces en el Nuevo Testamento, refiriéndose a una persona poseída por el demonio (Mt. 4.24; 8.16, 28, 33; 9.32; 12.22; 15.22; Mr. 1.32; 5.16,17,18; Lc. 8.36; Jn.10.21).

La vida de los endemoniados variaba mucho, de acuerdo con la gravedad de su enfermedad. Si los ataques no eran muy violentos y se podían controlar más o menos con facilidad, los endemoniados podían vivir en sus hogares (Mr. 6.13). Algunos contaban con el cuidado y amor de sus familias (Mr. 7.24-30; 9.14-29; 1.32). Algunos eran admitidos hasta en lugares públicos, como sinagogas y ceremonias religiosas (Mr. 1.21-23). Por otro lado, los que sufrían ataques violentos, frecuentemente tenían que ser atados con cadenas o sujetados por otros medios (Mr. 5.4; Lc. 8.29). Estos endemoniados vivían en condiciones miserables: en lugares desiertos, en las tumbas o en los cementerios (Mr. 5.1-20; Lc. 8.29). Muchos vivían totalmente abandonados por la sociedad y eran temidos, menospreciados y ridiculizados.

Según reza nuestro pasaje, con lo primero que se toparon Jesús y sus acompañantes al llegar al otro lado del lago, fue con el endemoniado cuya historia estamos considerando. Este individuo pertenecía a la clase de aquellos que habían sido abandonados por la sociedad y vivían en una forma miserable. El gadareno tenía su morada en los sepulcros y su fuerza era incontrolable. Lo habían atado con cadenas y grillos y los había roto. Sin haber encontrado manera de protegerlo, sus familiares lo habían abandonado a su suerte, dejándolo vivir como bestia en los montes y entre los sepulcros, gritando e hiriéndose con piedras.

La contienda, (6-9)
Marcos presenta un cuadro dramático que nos llena de ansiedad: Jesús a la orilla del lago; el endemoniado arrodillado frente a él, vestido de andrajos, vociferando y con el rostro desencajado. ¿Qué va a suceder? ¿Quién vencerá en la contienda, Jesús o los demonios? Marcos describe este drama en forma magistral.

El hecho de que el endemoniado se arrodilla pone de manifiesto que los demonios temen el encuentro con Jesús (Stg. 2.19). Podríamos decir que los demonios ya están derrotados al principio de la contienda. Es sorprendente la exclamación del demonio: «¿Qué tienes conmigo, Jesús, Hijo del Dios Altísimo?». El que habla es el demonio que habitaba en aquel hombre atormentado y teme lo que pueda acontecer como resultado de este encuentro con Jesús. Estas palabras no deben comprenderse como un acto de reconocimiento o adoración por parte del demonio. En realidad es una táctica defensiva. En el antiguo oriente se creía que el que conocía el nombre de una persona podía usarlo en su contra, con ventaja, en actos de encantamiento o hechicería. Podemos recordar aquí la ocasión en que Jacob luchó con el ángel en Peniel (Gn. 32.22-32). Durante lo duro de la lucha el ángel preguntó a Jacob su nombre y cuando él se lo dio, el ángel le cambió el nombre: ya no sería más Jacob, sino Israel. Pero cuando Jacob preguntó su nombre al ángel, éste no se lo declaró. Simplemente le contestó: ¿Por qué me preguntas mi nombre? Como si le dijera: ¿Para qué quieres saber mi nombre? Te voy a bendecir, que es lo que tú deseas. Y lo bendijo allí mismo.

Los demonios temen a Dios y los de Gadara sabían con quien se estaban enfrentando: usan el nombre de Jesús y, para mayor seguridad, añaden el calificativo «Hijo del Dios Altísimo». La expresión, en el versículo 8, «Porque le decía» debe indicarnos que anteriormente Jesús ya había ordenado al demonio que saliera del enfermo, como nos indica la Versión Popular. De cualquier manera, la orden de Jesús es terminante: «¡Sal de este hombre!»

La pregunta del Señor: «¿Cómo te llamas?» es necesaria únicamente para confirmar su victoria. El demonio tiene que declarar su nombre, que es impresionante: «Legión me llamo; porque somos muchos». La victoria está ganada; lo que sigue es simplemente una confirmación y limpia de campo.

La victoria de Jesús, 10-15

La victoria de Cristo fue prodigiosa. La declaración del principal de los demonios, «nuestro nombre es Legión porque somos muchos», indica la gravedad del estado del endemoniado. Si entendemos el nombre «Legión» en términos militares debemos saber que una legión romana consistía en 600 hombres a pie, 120 de a caballo, más el personal técnico. Era una fuerza numerosa y poderosa. Pero el término «legión» muy pronto llegó a formar parte del lenguaje popular, significando «muchos», «una multitud». Este es el significado del nombre de los demonios. Era una multitud la que habitaba en este hombre. Su caso era verdaderamente grave. Y Jesús lo confrontó con calma, firmeza y poder.

Ahora los demonios le *ruegan* que no los eche fuera de esa región. En los pueblos orientales de la antigüedad también se creía que los demonios tomaban posesión de un área o región que consideraban suya: en este caso, la región de Gadara, en Decápolis.

El evangelista nos dice que había cerca de allí un monte y, en sus faldas, un gran hato de cerdos paciendo. Los demonios le rogaron a Jesús que los enviara a los cerdos y Jesús lo hizo inmediatamente. El problema que algunos presentan es que, aunque el cerdo era un animal inmundo para los judíos, los gentiles no tenían empacho en comerlo y el hato era muy numeroso, dos mil cerdos, lo que significaba una suma respetable para sus dueños. Cuando los demonios entraron en los cerdos, éstos se asustaron de tal manera que corrieron desenfrenadamente rumbo al lago donde perecieron ahogados.

¿Por qué permitió Jesús tal cosa? No lo sabemos; pero lo que sí sabemos es que cuando la gente del pueblo, incluyendo a los dueños de los cerdos, vino a ver lo que había sucedido, encontró al enfermo «sentado, vestido y en su juicio cabal». Lo que Marcos afirma es que Jesús tiene poder sobre los demonios, aun en un caso como el que estamos considerando. Los detalles de la historia son importantes, pero lo esencial es que un endemoniado fue curado, y esto comprueba que, en la persona de Cristo, «el Reino de los cielos está entre vosotros» (Lc. 17.21).

El resultado del milagro, 16-20

Al final nos encontramos con dos cuadros que Marcos nos pinta con pincel maestro. Por un lado encontramos a la gente del pueblo en animada plática, narrando a los dueños de los cerdos lo que había sucedido: Los gritos desgarradores del endemoniado y la calma inalterable de Jesús; la exclamación y petición de los demonios y la autoridad y poder de Jesús; y, finalmente, los cerdos bajando por el despeñadero en carrera desenfrenada que termina con su muerte en el lago. Hay motivos suficientes para que el pueblo se llene de temor y le pida a Jesús que se aleje de su tierra. También hay suficiente base para creer que los dueños de los cerdos temían por su economía ante un hombre que había demostrado tal poder.

El otro cuadro es muy distinto. Jesús está a punto de cumplir los deseos de los gadarenos, embarcándose para cruzar el lago de regreso a Capernaum, cuando se le acerca el endemoniado que ha sido curado. Con súplicas y ruegos éste le pide a Jesús que le permita ir con él; quiere estar con aquél que lo ha sanado, pero Jesús no se lo permite. Al contrario, le da una orden: «Vete a tu casa, a los tuyos, y cuéntales cuán grandes cosas el Señor ha hecho contigo, y como ha tenido misericordia de ti».

Podemos decir que en ese momento el enfermo sanado no comprendía completamente lo que estaba sucediendo. Jesús no lo estaba rechazando, sino que lo estaba incorporando a las fuerzas del Reino que estaban en lucha abierta contra Satanás y sus «legiones». Tampoco comprendía en ese momento que iba a tener la compañía constante de Jesús, no en su cuerpo material, sino en una forma espiritual que con el tiempo sería tan real como la corporal. Jesús lo estaba nombrando el primer misionero entre los gentiles, aun antes que Pablo. El Gadareno no lo comprendía entonces, pero estaba recibiendo un gran honor de Jesús y una hermosa bendición. Al final, encontramos a la gente del pueblo, temerosa, corriendo a refugiarse en sus hogares sin haber tenido la calma y el valor de preguntar a Jesús quién era y la razón por la cual había hecho ese milagro. Por otra parte, el endemoniado, ahora en su juicio cabal, lleno de valor, entusiasmo y esperanza, sale como misionero de los gentiles a cumplir la misión que Jesús, ahora su Maestro y Señor, le ha encomendado.

Este milagro nos enseña también algo más acerca del poder de Jesús sobre los demonios. Marcos nos dice que el Señor puso en su corazón cruzar el lago y les dijo a sus discípulos, «Pasemos al otro lado»; es decir, al distrito de los gadarenos, a Decápolis, que como dijimos al principio era una área gentil. Es hermoso pensar que este asombroso milagro se efectuó no sólo en una área considerada pagana sino también en la persona de un gentil. El Señor confirma de una manera contundente que su evangelio es para todo el mundo, y las palabras «Porque de tal manera amó Dios *al mundo*, que ha dado a su Hijo unigénito, para que t*odo aquel* que en él cree no se pierda, mas tenga vida eterna» (Jn. 3.16); y «Al que a mí viene, no le echo fuera» (Jn. 6.37), cobran un nuevo significado. ¡Jesús hizo milagros en tierras paganas!

El Señor le pidió al gadareno que fuera «a su casa y a los suyos», pero él no cumplió la orden al pie de la letra, sino que predicó en todo Decápolis. Esto no quiere decir que desobedeció la orden. Lo que podemos imaginar es que habló a los miembros de su familia y con sus parientes, como se le había ordenado, pero además con todo aquel que lo quiso escuchar. Es fácil imaginarlo yendo por esos caminos, entrando en pueblos y ciudades, anunciando cómo el Señor lo había curado y cómo había tenido misericordia de él.

Esta es una lección para nosotros también el día de hoy. Muchas veces nuestro deseo es evangelizar o hacer la obra misionera en lugares lejanos y exóticos, pero el Señor nos llama a hacerlo en nuestros propios hogares y con nuestros familiares y amigos. Ese es un círculo importantísimo. Si en nuestras iglesias tomáramos la decisión de concentrar nuestros esfuerzos evangelizadores en nuestras propias familias, podríamos ver resultados asombrosos; nuestras iglesias crecerían en número y en poder espiritual.

Otro aspecto tiene que ver con el contenido del mensaje a publicar. Jesús le pidió al nuevo misionero que hablara sencillamente sobre lo que Jesús había hecho con él: no de teologías o doctrinas difíciles de comprender sino simplemente sobre su experiencia personal; no de quién era Jesús sino sobre lo que Jesús había hecho por él. Esa es nuestra tarea y nuestro mensaje. Simplemente reflexionemos sobre lo que el Señor ha hecho con nosotros y por nosotros y ese será nuestro mensaje. Es todo lo que pide el Señor.

Al final de nuestro estudio encontramos la confirmación de una de las verdades céntricas de la fe cristiana: «El Hijo del Hombre vino a buscar y a salvar lo que se había perdido» (Lc. 19.10). Dios hizo al ser humano a su imagen y semejanza, pero el demonio, al destruir esa imagen, lo alejó de su Creador. Jesús vino para *re*crear esa imagen y reconciliarnos con Dios. Jesús todavía quiere hacer su obra en nosotros.

Para reflexión y estudio:

1. ¿Cómo podemos entender el término «endemoniado» el día de hoy? ¿Podríamos decir que hoy es simplemente asunto de la psiquiatría?

2. ¿Cómo podemos entender la expresión de Jesús «el Reino de los cielos está entre vosotros»? (Lc. 17.21).

3. Somos llamados a publicar en nuestro propio círculo lo que el Señor ha hecho por nosotros. ¿Soy consciente de lo que el Señor ha hecho por mi?

4. El Señor me llama a anunciar a mis familiares y amigos cuán grandes cosas ha hecho en mi vida. ¿Estoy dispuesto(a) a hacerlo confiando en su ayuda y poder?

¡ME HAS MIRADO A LOS OJOS!

La pesca milagrosa

(Lc. 5.1-11)

Tú has venido a la orilla,
no has buscado ni a sabios ni a ricos,
tan sólo quieres que yo te siga.

Estribillo
Señor, me has mirado a los ojos
y sonriendo has dicho mi nombre;
en la arena he dejado mi barca;
junto a ti buscaré otro mar.

Tú sabes bien lo que tengo:
en mi barca no hay oro ni espadas,
tan sólo redes y mi trabajo.

Tú necesitas mis manos,
mi cansancio que a otros descanse,
amor que quiera seguir amando.

Tú, pescador de otros mares,
ansia eterna de almas que esperan,
amigo bueno, que así me llamas.

Este himno nos presenta el marco para la consideración del milagro generalmente llamado «la pesca milagrosa». Es cierto que la pesca fue milagrosa y que causó una profunda impresión en el corazón de los que fueron testigos presenciales de ella, pero el milagro más notable fue la transformación de la personalidad de Simón Pedro y sus compañeros de trabajo.

Jesús sanó a la suegra de Pedro (Lc. 4.38-39) y algunos piensan que el Maestro había dejado Nazaret y había ido a vivir en el hogar del futuro Gran Pescador en Capernaum. Sin embargo, no sabemos con seguridad cuando se conocieron por primera vez. La caminata de Nazaret a Capernaum requería esfuerzo, pero para un joven como Jesús no era una tarea fuera de su alcance; así que es posible que haya habido un contacto anterior entre la familia de Pedro y el joven de Nazaret. La hermosura del lago de Galilea y lo pintoresco de sus playas donde se podía ver trabajar a los que hacían su vida como pescadores, indudablemente era una gran atracción. La historia que estamos considerando pinta magistralmente, con unas cuantas pinceladas, la vida de los pescadores del mar de Galilea.

Se prepara la escena, 1-3

Tú has venido a la orilla,
no has buscado ni a sabios ni a ricos,
tan sólo quieres que yo te siga.

El ministerio de Jesús se desarrolló, en gran parte, en Galilea. Muchos de los incidentes que recordamos con mayor afecto tuvieron lugar en esa área: un buen número de sus milagros, su primer sermón en la sinagoga de Nazaret, el sermón del monte, y otros muchos que sería largo enumerar.

Algunos de sus discípulos eran galileos (Mt. 10.1-4; Mr. 3.13-19; Lc. 10.1-4). Pedro, el líder del grupo, fue reconocido fácilmente como galileo durante el juicio de Jesús (Mt. 26.69-75; Mr. 14.66-72; Lc. 22.56-62). Pedro pudo negar a su Maestro pero no pudo negar su lugar de origen. El día de Pentecostés los discípulos fueron reconocidos como galileos por la multitud (Hch. 2.7). También debemos hacer notar que fue de Galilea de donde el Señor resucitado envía sus discípulos a predicar el evangelio (Mt. 28.16-20; Jn. 21.1-25).

La historia de la región está marcada por múltiples invasiones de varios grupos y su situación geográfica la convirtió en una ruta internacional. Su pueblo estaba en contacto continuo con la cultura y el comercio del mundo. En tiempos de Jesús, era una área verdaderamente cosmopolita.

Su población era heterogénea debido a las invasiones y conquistas que había sufrido. A partir de 734 a.C., la región sufrió el dominio, la infiltración y la migración de Asiria, Babilonia, Persia, Macedonia, Egipto y Siria. Durante el ministerio de Jesús, Galilea estaba poblada por fenicios, sirios, árabes, griegos y, por supuesto, judíos. Algunos de los gentiles, nombre dado a los que no eran judíos, se convirtieron al judaísmo y contrajeron matrimonio con judíos, con lo que surgió un mestizaje biológico y cultural. Este mestizaje era tenido como señal de impureza legal y motivo de rechazo por los judíos «puros» de Judea, quienes se referían a la región como «Galilea de los gentiles».

Uno de los elementos importantes en el ministerio de Jesús es el mar de Galilea o lago de Genesaret. Lucas se refiere siempre a esta extensión de agua como «lago», mientras los otros evangelistas lo llaman «mar», siguiendo la costumbre del Antiguo Testamento. Su extensión aproximada es de veintiuno por once kilómetros. «Genesaret» aparece una sola vez en cada uno de los Evangelios sinópticos (Mt. 14.34; Mr. 6.53) y en el primer versículo de la narración que estamos considerando (Lc. 5.1). Juan menciona este lago dos veces, llamándolo «Tiberias» (Jn. 6.1; 21.1).

Aunque Lucas no lo dice claramente, podemos pensar que los acontecimientos se desarrollaron cerca de Capernaum. Hoy día, cuando los turistas que visitan la Tierra Santa excursionan en el área del lago de Galilea, comen por lo común en un restaurante a la orilla del lago donde se sirve pescado sacado de sus aguas.

En el capítulo cuatro, Lucas nos muestra a Jesús sumamente activo en su ministerio, enseñando y sanando. Aunque ya ha tenido algunos encuentros con las autoridades religiosas, las multitudes lo siguen y se admiran de sus enseñanzas (4.32). En cierta ocasión, cuando fue a un lugar desierto, indudablemente para descansar y estar a solas con su Padre, la gente lo buscó temiendo que los fuera a abandonar, pues el evangelista nos dice que «lo detenían para que no se fuera de ellos» (4.42).

Al principio de nuestra historia, Jesús está a la orilla del lago y la gente se agolpa sobre él para oír sus palabras, o como dice el evangelio: «para oír la palabra de Dios». La gente lo rodea y empuja tanto que Jesús no puede hablar con libertad. Mientras piensa en alguna manera de resolver el problema, Jesús contempla una escena que indudablemente ha visto ya muchas veces: dos barcas cerca de la orilla del lago y un grupo de pescadores que, después de una noche de trabajo arduo, lavan sus redes, alistándolas para la pesca de esa noche.

El siguiente versículo nos narra que Jesús resuelve su problema directamente y sin preámbulos. Sube a la barca de Simón y le pide que lo aleje de tierra un poco, cosa que Simón hace sin protestar. Desde la barca, ya con la multitud frente a él, el Señor predica la palabra de Dios. Es interesante notar que Lucas cuida de hacernos saber que Jesús se sienta para enseñar, como acostumbraba todo buen rabino y todo buen maestro de Israel. Ya anteriormente se nos ha hecho la misma observación cuando describe al Maestro predicar en la sinagoga de Nazaret (4.20).

El milagro se realiza, 4-7

Tú sabes bien lo que tengo:
en mi barca no hay oro ni espadas,
tan sólo redes y mi trabajo.

Cuando Jesús termina de hablar le pide a Simón que bogue mar adentro, hacia las aguas profundas, y que eche sus redes para pescar. Ante esta orden Simón reacciona con un tanto de asombro y un tanto de burla, como diciendo: Tú eres carpintero y no sabes nada acerca de la pesca. Nosotros somos expertos en este asunto y hemos trabajado toda la noche usando nuestra mejor técnica, sin éxito. ¿Tú, carpintero, pretendes enseñarnos? Esto es lo que probablemente estaba en la mente de Simón y sus compañeros, pero su respuesta pone de manifiesto algunos aspectos importantes del corazón de Simón, quien después se llamaría Pedro (ver Mt. 16.18).

En primer lugar, Simón le dice a Jesús «Maestro». Si nos basamos en el pasaje que estamos estudiando, podemos imaginar lo que sucedió. Cuando Jesús pidió a Pedro que retirara la barca de la orilla un poco, es fácil imaginar que él y sus compañeros echaron la red en el bote y cumplieron inmediatamente los deseos de Jesús, pero que continuaron su trabajo. Tenían que tener listas sus redes para esa noche. Podemos imaginar a Pedro y sus compañeros dedicados a preparar sus redes, pero con los oídos muy abiertos para oír lo que Jesús está diciendo. Aunque el evangelista no nos da una reseña de lo que Jesús enseñó en esa ocasión podemos estar seguros de que sus palabras hicieron una gran impresión en sus corazones. Después de escucharlo, Pedro llama a Jesús «Maestro» y está pronto para obedecerlo.

En segundo lugar, hay un elemento de fe en el corazón de Simón. Su declaración es importante: «Maestro, toda la noche hemos estado trabajando y nada hemos pescado; mas en tu palabra echaré la red» (Lc. 5.5). Como pescadores experimentados, sabían que no se pescaba durante el día. Además, y desde el punto de vista humano algo más serio, en la playa estaban otros pescadores que también conocían el oficio y es probable que un buen número de la multitud permanecía todavía contemplando la escena. Pedro y sus compañeros temían hacer el ridículo delante de los que observaban desde la orilla. Sin embargo, Pedro respondió: «en tu palabra echaré la red».

La obediencia produce el milagro. Pedro y sus compañeros echan la red y encierran un gran número de peces, tantos que sus redes se rompen. Tienen que hacer señas a los que están en la otra barca (V. 2) para que vengan a ayudarles. Aún así, la cantidad de peces es tan grande que las barcas están a punto de hundirse.

Naturalmente los pescadores están asombrados. La pesca que tienen delante, la más grande que han logrado en su vida, se ha realizado contra todos los métodos que ellos conocen.

!Soy pecador!, 8

Tú necesitas mis manos,
mi cansancio que a otros descanse,
amor que quiera seguir amando.

Pedro, al ver lo que ha pasado, comprende que se ha realizado un milagro. Que está en la presencia de Dios. Seguramente no comprende muchas cosas y no puede explicar lógicamente lo sucedido, pero sí comprende que, de alguna manera, Jesús, el Maestro, tiene una relación peculiar con Dios. Es difícil descubrir el orden de los acontecimientos en este punto de la narración. Entre los versículos 7 y 8 podemos imaginar que la barca ya está en la orilla y los pescadores, asombrados al verla sobrecargada de pescado, se acercan. Pedro tiene la revelación de que Jesús es algo más que humano.

Pedro cae de rodillas delante de él en la arena de la playa, exclamando: «¡Apártate de mí, Señor, porque soy hombre pecador!» Esta es la reacción inevitable del que se encuentra con Dios. Pedro es el único que se arrodilla, pero todos sus compañeros están llenos de la misma admiración y temor. No debemos entender este «temor» como miedo ante una situación o circunstancia. Aquí, como en otras partes de la Escritura, debemos entender la palabra como reverencia, homenaje y adoración. Todos sienten lo mismo, pero Lucas hace resaltar el hecho de que los hijos de Zebedeo, o sea, Jacobo y Juan, forman parte de un grupo que muy pronto desempeñará un papel importante en el ministerio de Jesús y en el establecimiento de su iglesia.

Sin embargo, el evangelista nos hace ver que, aparte de Jesús que es su centro, este milagro destaca como personaje principal a Simón. Es el único que se arrodilla ante Jesús y ahora el Maestro se dirige directamente a él, diciéndole: «No temas; desde ahora serás pescador de hombres». Este es el primer paso en el llamamiento de Pedro, un paso necesario para empezar a recorrer el camino que el Señor le mostrará. Las primeras palabras de Jesús tienen un hermoso significado en esta historia. Son las mismas palabras que el ángel dirige a Zacarías, quien, aunque se encuentra desempeñando sus funciones sacerdotales ante el altar del incienso en el templo, también se llena de temor ante una aparición tan inusitada: «Zacarías, no temas» (Lc. 1.13), y el sacerdote recibe la feliz promesa del nacimiento de su hijo Juan.

¡Me Ha Tocado!

En este último contexto las palabras «no temas» significan simplemente «no tengas miedo», pero en el caso de Pedro significan, según nos hacen ver los eruditos: «no temas, tus pecados te son perdonados». También pueden considerarse parecidas al saludo característico de Cristo después de su resurrección: «No temas» o «no teman».

Un comentarista piensa que aquí tenemos una verdadera epifanía: una manifestación de la personalidad divina de Jesús, parecida a la del Monte de la Transfiguración (Lc. 9.28-36). Tal vez no sea exacta esta afirmación, pero es indudable que en ese momento Pedro descubrió la presencia de Dios en la persona de Jesús y el pecado en su propia vida. Abraham, Job e Isaías tuvieron la misma reacción (Gn. 18.27; Job 42.4-6; Is. 6.5). También podríamos comparar la experiencia de Simón con la del pueblo de Israel en el Sinaí: «No hable Dios con nosotros, para que no muramos» (Ex. 20.19). Pedro experimentó en su propia vida la gracia de Dios y se abrieron sus ojos para ver su propio pecado.

Podemos ver la profundidad de la experiencia espiritual del pescador al notar que ahora Jesús ya no es simplemente el «Maestro», sino «el Señor». La emoción de Pedro va en aumento. Un erudito afirma: «Al 'Maestro' es necesario obedecer, el 'Señor' causa agonía en el pecador».

No hay base bíblica para afirmar cómo sucedieron los acontecimientos realmente, pero yo quisiera imaginar a Pedro arrodillado frente a Jesús, con su rostro levantado, no inclinado, viendo al Maestro cara a cara. Jesús lo mira a los ojos, mirada que llega a lo profundo del corazón del apóstol en ciernes, mientras sonríe con una sonrisa franca, sincera y fraternal.

Señor, me has mirado a los ojos
y sonriendo has dicho mi nombre . . .

Todos los Evangelios narran la negación de Pedro, pero Lucas añade un detalle conmovedor (Lc. 22.54-62): Jesús ha sido llevado a la casa de Caifás, sumo sacerdote, para ser juzgado. Allí, ante el pueblo sentado alrededor del fuego en el patio y ante las criadas que van y vienen ejerciendo su oficio, Pedro niega al Señor tres veces —la última con maldiciones, según los otros evangelistas. No sabemos en qué lugar de la casa se encontraba Jesús con relación al patio, pero aparentemente se encontraba en un lugar desde el cual podía darse cuenta de lo que estaba sucediendo. Cuando Pedro lo niega la tercera vez sus miradas se cruzan. Lucas simplemente dice: «Miró a Pedro». Esta debe haber sido una mirada diferente a la que el Señor le dio a Pedro en Galilea: cargada de ternura, compasión, comprensión y amor. Las palabras salían sobrando. Jesús, con su mirada, comunica todo un mensaje a su débil y tambaleante discípulo. Jesús nos mira y nos llama por nombre y, mientras recorremos el camino del servicio, nos sostiene con su mirada, a veces de reproche, a veces de aliento, pero siempre de amor.

Pescador de hombres, 9-11

Tú, pescador de otros mares,
ansia eterna de almas que esperan,
amigo bueno, que así me llamas.

Las barcas están en la orilla colmadas de peces. Pedro y sus compañeros están asombrados. Pedro exclama: ¡esto es imposible, es un milagro! Mientras tanto, Jesús se le acerca y le dice: «No temas, desde ahora serás pescador de hombres».

«Desde ahora» es una afirmación terminante que indica un cambio de dirección en la vida. Pedro había sido pescador hasta esos momentos, pero a partir de ese instante su vida iba a cambiar. Su encuentro con Jesús significaba un cambio radical. Iba a entrar por el camino de una nueva vida. Para explicar estos cambios en la vida, generalmente usamos la expresión «conversión», que tiene una implicación militar, un cambio de frente o de dirección en la marcha.

Yo recuerdo vívidamente la época de entrenamiento militar que recibí durante la segunda guerra mundial junto con mis compañeros de la escuela preparatoria en mi nativa Guadalajara, en México. De la comandancia militar nos enviaban a un capitán para que nos instruyera en la marcha, una actividad que hacíamos con mucho entusiasmo como si eso fuera a salvar la causa de los Aliados. Pero el instructor no estaba satisfecho con nuestra actuación, especialmente cuando ejecutábamos nuestras conversiones, y exclamaba exasperadamente: «¡Ustedes dan sus conversiones como si fueran pasos de ballet; háganlo como hombres!» (quería decir, con fuerza y decisión). Entonces, nos ponía el ejemplo golpeando con firmeza el piso, primero en la dirección en que iba y luego, dando media vuelta, pisaba firmemente en la nueva dirección.

Para mí, esto es lo que quiere decir la conversión cristiana. Primero íbamos en una dirección, siguiendo alegremente (o dolorosamente) la inclinación de nuestro propio corazón, pero cuando nos encontramos con Cristo siempre hay un cambio. El nos llama a efectuar una conversión, la cual debe ser clara y decisiva para nosotros, para los miembros de nuestra familia y para nuestra comunidad. Tenemos que dar los pasos requeridos con firmeza y decisión. Esto es lo que significan las palabras «desde ahora».

Pero el corazón del asunto se encuentra en las palabras «serás pescador de hombres». La indicación es que Pedro ya no tendrá que ver con peces sino con hombres. Aquí es importante aclarar que la palabra griega que en nuestras biblias se traduce como «pescador» quiere decir «tomar vivo». Si tradujéramos literalmente la frase en cuestión, tendríamos que decir: «desde ahora tomarás hombres vivos». Jesús está explicando a Pedro y sus compañeros, en una forma dramática y objetiva, la relación entre su vida pasada y la que les espera en el futuro. Hasta ahora han pescado peces que mueren fuera de su elemento, el agua. En el futuro, a partir de ese momento, van a pescar o «tomar» hombres (personas) para llevarlos a una relación con Cristo, que significa salvación y vida eterna.

Pedro, Juan y Jacobo, hijos de Zebedeo, «dejándolo todo, le siguieron» (ver también: Lc. 5.28; 14.33; 18.22, 28; 21.3-4; Hch. 2.45; 4.34; 5.1-5; Mr. 12.44; Mt.13.44-46). Dejándolo todo, sin escatimar nada, «le siguieron». Esta última escena nos enseña una verdad fundamental con respecto a los milagros de Jesús. Delante de sus primeros seguidores está la pesca más grande de su vida, pero el resultado del milagro queda atrás. Jesús es lo importante, no el milagro. Jesús es la fuente de la vida y el camino de la salvación.

Para reflexión y estudio:

1. Pedro nos da una lección de obediencia. Cuando Jesús sube a su barca y le pide que se aleje un poco de la orilla para poder predicar desde ella, Pedro lo hace. Cuando le pide que eche las redes en lo profundo, lo hace también. El resultado es un milagro. ¿Cómo respondes a las indicaciones del Espíritu cuando te habla a través de las Escrituras o de alguna otra manera?

2. ¿Qué significa Jesús en tu vida? ¿Es simplemente una figura histórica o literaria? Para Pedro, llegó a ser el centro de su vida y fe.

3. Jesús sigue llamando a sus seguidores. ¿Cómo entiendes las palabras del himno que citamos al principio de nuestro estudio? ¿Jesús te ha mirado a los ojos? ¿Ha pronunciado tu nombre? Reflexiona sobre el significado del llamamiento de Pedro y procura oír la voz de Dios. ¿Te estará llamando en estos momentos?

¡Yo Soy!

El ciego de nacimiento

Jn. 9.1-41

L a historia de la curación del ciego de nacimiento es un drama completo. En ella encontramos los elementos necesarios para sostener nuestro interés de principio a fin y para apasionarnos con los personajes conforme van apareciendo. Hay momentos de lucha, escenas en las que el temor se muestra de una manera patética y el valor triunfalmente, en un testimonio poderoso. Los personajes son delineados en una forma magistral: unos nos causan disgusto, aun enojo; otros nos mueven a compasión. Al ciego lo amamos desde el momento en que aparece en escena. No podemos pasar por alto a ninguno; todos tienen un papel que desempeñar.

Luz del mundo, 1-5

Jesús acaba de tener una fuerte discusión con los judíos en el templo y, según leemos en el primer versículo de nuestra historia, al caminar por las calles de la ciudad se encuentra con el personaje central de la historia. Aquí podrían surgir algunas preguntas: ¿Cómo sabían Jesús y sus discípulos que el hombre había nacido ciego? ¿En qué área de la ciudad se encontraba el Maestro: dentro del templo, cerca del templo, o en algún otro lugar lejos del templo?

Aunque estas preguntas son interesantes, realmente no son fundamentales para el estudio del milagro que estamos considerando. Podrían sugerirse muchas maneras en que Jesús y su compañía hubieran conocido de cerca al ciego, y podríamos pensar en muchos lugares en Jerusalén donde Jesús pudiera haber efectuado la curación milagrosa del ciego. Pero todo eso sería inútil, porque la realidad es que para el evangelista, tanto como para cualquier persona que lea esta historia, lo importante es el milagro y la persona que lo realizó. Otros detalles son completamente secundarios.

La pregunta que requiere consideración es la que los discípulos presentan a Jesús: «¿Quién pecó, éste o sus padres para que haya nacido ciego?» (V.5). En los días de Jesús, consideraban que la enfermedad era motivada por el pecado (Lc. 13.2). Si un adulto enfermaba o sufría una desgracia, la culpa recaía sobre él, como en el caso de Job. Pero si un bebé nacía enfermo o con alguna anormalidad, la culpa se atribuía a los padres: «Yo soy Jehová tu Dios, fuerte, celoso, que visito la maldad de los padres sobre los hijos hasta la tercera y cuarta generación de los que me aborrecen» (Ex. 20.5). Algunos rabinos llegaban al extremo de pensar que el pecado de los padres no solamente dejaba su marca en el bebé, sino que también el bebé mismo podía pecar, aún en el vientre de su madre. En el relato del embarazo de Rebeca, en Génesis, leemos que Esaú y Jacob peleaban en la matriz y que Jacob nació agarrado del calcañar de su hermano (Gn. 25.21-26; Sal. 58.3).

Jesús no aceptaba esta idea, como puede verse en Jn. 9.3 y Lc. 13.1-5. Sin embargo, en algunos de sus milagros parece que se establece una conexión entre el pecado y el sufrimiento, como en el caso del paralítico de Betesda (Jn. 5.14) y el del paralítico cuyos amigos hicieron descender delante de Jesús, rompiendo el techo de la casa (Mr. 2.5). La respuesta de Jesús a sus discípulos (V. 3) nos aclara unos puntos importantes. En primer lugar, nos indica que no toda enfermedad es necesariamente resultado del pecado. Como es bien sabido, y la ciencia moderna lo confirma, muchos de los microbios, bacilos e infecciones penetran en el organismo humano sin que haya manera de prevenirlos, ni se pueda atribuir su aparición a ninguna acción pecaminosa.

El Padre Damián fue misionero belga entre los leprosos de la isla Molokai, en lo que hoy es Hawai. Cuando llegó al archipiélago y se dio cuenta de que el gobierno enviaba a los leprosos a esa isla, solicitó ir como misionero entre ellos. El Padre Damián estaba bien de salud cuando fue a Molokai, pero después de algún tiempo contrajo la enfermedad y murió entre sus hermanos leprosos. Ni el Padre Damián ni sus padres pecaron para que él muriera de la lepra, pero podemos decir que el nombre de Dios fue glorificado en su vida y en su muerte.

Podemos añadir que los sufrimientos y las enfermedades, en ocasiones, son motivo para que se manifieste la gloria de Dios, como hemos visto en el caso del Padre Damián. Dios no se goza en el sufrimiento humano, pero algunas veces lo usa como medio para manifestar su gloria, su poder y su amor. Durante uno de mis pastorados, uno de los miembros jóvenes de la iglesia en que servía contrajo la enfermedad de Gehrig, que todavía es incurable. Yo pensé que tal cosa iba a hacer tambalear su fe y que lo deprimiría profundamente. Pasó todo lo contrario. Su fe se reflejó en un testimonio poderoso y cada vez que lo visitaba, yo salía de su hogar espiritualmente renovado. Leía su Biblia e invitaba a su hermano a que lo visitara para hablarle de su Señor y Salvador. Su constante afirmación era que él estaba listo para cuando el Señor lo llamara y que sabía que iba a estar para siempre con su Maestro, lo cual lo llenaba de gozo. Durante una de mis visitas, me platicó que había pasado una mala noche, que no podía respirar y que pensó que había llegado el final, pero no sucedió así. Su testimonio fue: «Ahora sé que la partida va a ser angustiosa, pero al final mi Señor me estará esperando». La gloria de Dios se manifestó en la vida y en la muerte de este querido hermano y yo, personalmente, tanto como toda la congregación, veíamos el poder y el amor de Dios plenamente manifestados en él.

En el versículo 4 la respuesta de Jesús se vuelve personal. Ya no sigue aclarando el problema de la enfermedad y el pecado a los discípulos; ahora explica su misión en el mundo. «Me es necesario hacer las obras del que me envió», dice a sus discípulos. En la historia del paralítico de Betesda afirma también «Mi Padre hasta ahora trabaja, y yo trabajo» (Jn. 5.17). Estas palabras de Jesús indican que no hay mucho tiempo para hacer la obra que él y sus seguidores deben realizar. El ya había afirmado antes: «...he descendido del cielo, no para hacer mi voluntad, sino la voluntad del que me envió» (Jn. 6.38). Todavía no se realiza el milagro, pero desde un principio Jesús lo señala como parte de las obras de la implantación de su Reino en el mundo y como muestra de lo que sus seguidores harán si verdaderamente creen en él (Jn. 14.12).

Se deja ver también un sentido de urgencia en las palabras «entre tanto que el día dura», que pudieran 'interpretarse como *entre tanto que estoy en el mundo*. La noche que se aproxima se refiere a la partida de Jesús, a su muerte. Jesús se está expresando en forma poética; no se refiere realmente a la presencia o carencia de luz solar, sino a su propia presencia o ausencia del mundo. Más adelante, cuando Juan habla de la traición de Judas, usa una de las frases más hermosas y más dramáticas que se encuentra en los Evangelios. Jesús y sus discípulos están cenando juntos por última vez aquí en la tierra. Cuando Jesús les anuncia que en el círculo está presente el que lo va a entregar a las autoridades judías, los discípulos se asombran; y cuando Jesús señala a Judas, éste sale del aposento y abandona al grupo. Juan explica «y era ya de noche» (Jn. 13.30). Si reflexionamos un poco sobre este pasaje, descubrimos que lo que sucede es que Judas se pierde para siempre en la oscuridad, lejos de Cristo, mientras el resto de los discípulos permanece en la luz, cerca de Cristo, aunque la noche impere en torno a ellos (Jn. 12.35-36).

En el versículo 5 Jesús hace una declaración terminante: «Entre tanto que estoy en el mundo, luz soy del mundo». Esta afirmación es un eco de la que hizo anteriormente en Jn. 8.12; con ambas declaraciones el evangelista está preparando el terreno para presentarnos el milagro que, sin lugar a dudas, demostrará que Jesús es la luz del mundo.

Milagro y testimonio, 6-12

Este es otro de los milagros en que Jesús actuó sin que se haya solicitado su intervención (véase por ejemplo el caso de Bartimeo, en Marcos 10.51). Podemos imaginar que el ciego se sorprende al escuchar la discusión acerca de su persona y sus padres y, sobre todo, al oír que alguien cerca de él pretende ser la luz del mundo, idea que no alcanza a comprender. No conoce a ninguno de los que se le han acercado e ignora completamente por qué están hablando de él y su familia. Pero Jesús sabe perfectamente lo que hay que hacer e inmediatamente toma el control de los acontecimientos.

Sin más preámbulos, con un gesto que sorprende también a los discípulos, el Señor se inclina sobre la tierra, escupe, hace lodo con su saliva y lo unta sobre los ojos del ciego. No es necesaria ninguna explicación. Los discípulos saben que su Maestro ha tomado el control de la situación, y el ciego presiente que el que habla, «a quien llaman Jesús», tiene poder para curarlo.

Es interesante notar que éste es el único pasaje del Nuevo Testamento en el que se usa la palabra «saliva». En Marcos 7.33, cuando Jesús sana a un sordomudo, y en Marcos 8.23, cuando cura al ciego en Betsaida, el uso de la saliva se sobreentiende, pero la palabra misma no se usa.Algunos eruditos indican que la saliva era considerada como medicina eficaz para algunas enfermedades, pero esto no es importante en el estudio de los milagros de Jesús. Cuando el Señor curaba a la gente el elemento indispensable y supremo era él mismo, como se demostró en algunas ocasiones en que no usó ninguna «medicina», como en el caso de Bartimeo o cuando curó a larga distancia, sin ni siquiera ver al enfermo (Lc. 7.1-10; 17.11-15).

Luego Jesús le dice al ciego que vaya a lavarse en el estanque de Siloé. Recordemos que el profeta Eliseo ordenó a Naamán, el gran general sirio, que fuera a lavarse siete veces en el Jordán para curarse de la lepra. Naamán se resistió a hacerlo, pero finalmente cumplió la «receta» y sanó (2 R. 5.10-13). En este caso Eliseo nunca vio al general sirio. Esta fue también una curación a la distancia.

Si examinamos los elementos físicos que intervienen en la curación del ciego, descubrimos que son dos: lodo y agua. Algunos eruditos creen descubrir en el lodo, hecho del polvo de la tierra, que Jesús está participando en la obra de la creación de su Padre. El mismo ya lo había afirmado anteriormente: «Mi Padre hasta ahora trabaja, y yo trabajo» (Jn. 5.17). Si seguimos este pensamiento, podemos decir que Jesús no sólo está colaborando en la obra de Dios al darle ojos al ciego, sino que también está creando nueva vida en el sentido espiritual al enviarlo a lavarse en el estanque de Siloé. En el Antiguo Testamento, el agua tuvo un papel muy importante en los actos rituales del tabernáculo y del templo de Jerusalén, y Jesús se refiere a sí mismo como el dador de «agua viva» (Jn. 4. 10,13-14). La iglesia cristiana usa el agua del bautismo como símbolo de nuestra unión a la iglesia y de nuestra unión con Cristo.

El ciego fue enviado a lavarse en el estanque de Siloé y Juan el evangelista nos aclara que la palabra Siloé quiere decir «enviado». Esta indicación nos ofrece otra serie de consideraciones. Siloé se encontraba dentro de las murallas de Jerusalén en el extremo sur de la colina oriental de la ciudad, en el lugar donde se unen los valles de Cedrón e Hinom. El estanque recibía sus aguas del manantial Gihón por medio de un túnel construido por el rey Ezequías (2 R. 20.20; 2 Cr. 32.30), por lo que cabe pensar que el estanque fue nombrado «Siloé» porque las aguas que recibía le eran *enviadas* por medio del acueducto.

El túnel lo hicieron por dos equipos que trabajaron simultáneamente partiendo de ambos extremos, yendo el uno hacia el otro por una longitud aproximada de unos quinientos treinta y tres metros y a una profundidad, en algunos puntos, de cuarenta metros. Es asombroso que, no obstante la longitud del túnel, su trazo que semeja una gran «S», y tomando en cuenta los procedimientos rudimentarios de ingeniería subterránea de la época, los dos equipos se encontraron con una pequeña diferencia de apenas unos treinta centímetros en el nivel del piso y menos de un metro en el corte de las paredes. Sin lugar a dudas, este acueducto es una obra de ingeniería extraordinaria.

Otra idea que probablemente tenía en mente el evangelista es que la palabra «enviado» también se refiere a Jesús como el enviado de Dios para nuestra salvación (Jn. 3.17). Además, esto puede ser una alusión a Isaías 8.3, donde se afirma que Israel desechó las aguas de Siloé, aguas *enviadas,* como ahora rechaza a Jesús, *enviado* de Dios, por lo que el Pueblo de Dios permanece ciego. Lo más importante es que el que fue al Siloé ciego regresó viendo.

El evangelista nos presenta en los versículos 8 y 9 una escena muy animada. Los vecinos se han reunido porque la noticia de que el ciego de nacimiento ha recobrado la vista se ha extendido por toda la comunidad. Juan nos presenta los vecinos discutiendo acaloradamente, rodeando al ciego, maravillados del milagro del que son testigos. Esta es la primera vez que se menciona que el ciego era un mendigo y, aparentemente, una figura conocida en la comunidad. En muchas partes en la América Latina existen estos personajes conocidos por todos los vecinos. En algunos lugares hasta les dan nombres jocosos o descriptivos. Por la escuela en donde estudié, pasaba frecuentemente un pordiosero al que llamaban «el orador», porque por unos centavos que los estudiantes le daban alegremente, él se subía a una banca del jardín y pronunciaba discursos que le aplaudían con entusiasmo.

Esta escena pone de manifiesto la veracidad de la historia. El ciego recobró vista, Jesús lo sanó. Las preguntas y los argumentos van y vienen: «¿No es éste el que se sentaba y mendigaba?» Algunos decían que sí; otros que no. Para algunos era imposible la curación. Decían: Realmente se le parece mucho, pero no es él. Finalmente el que había sido ciego se cansó de oír tanta discusión y afirmó categóricamente: «¡Yo soy!». Así, entre admiraciones, porque este es uno de los puntos más importantes de la narración. El milagro se ha efectuado. Jesús ha desaparecido de la escena, pero el amor y la gratitud han encontrado un lugar en el corazón del que antes era ciego y ha surgido una lealtad que no se quebrantará en el futuro. Delante de sus vecinos, a quienes está viendo por primera vez, el ciego sanado declara firmemente: «¡Yo soy!», afirmación que pone fin a la discusión sobre su identidad, pero que abre el camino para otras cuestiones.

Cuando ya no hay duda acerca de la identidad del que ha recibido el beneficio del milagro, surge la pregunta inevitable: «¿Cómo te fueron abiertos los ojos?» En otras palabras: ¿Cómo te curaste? La respuesta es tan clara y terminante como había sido su testimonio anterior. Simplemente indica cada paso en la consumación del milagro: «Aquel hombre que se llama Jesús hizo lodo, me untó los ojos, me dijo: 'Ve al Siloé y lávate; fui, me lavé y recibí la vista' ». Una respuesta clara en la que ni sobran ni faltan palabras.

Es interesante considerar que el que había sido ciego usa la expresión «aquel hombre», indicando así que no conocía a Jesús y tampoco esperaba que sus interlocutores lo conocieran. Esta expresión también nos muestra que este milagro se efectuó por el camino de la obediencia y no por la fe. El ciego era completamente ignorante de quién era Jesús y del significado de la fe. Su curación milagrosa se debió a su obediencia al mandato de Jesús: Ve al Siloé y lávate. Debemos señalar, sin embargo, que la afirmación del ciego sanado es parte de una serie de acontecimientos que culminarán en su entrega completa a Jesús como su Señor y Salvador. Esta parte de nuestro estudio concluye con una respuesta sincera del anteriormente ciego a la pregunta: «¿Dónde está él?» Los que preguntan al ciego se imaginan naturalmente que si el ciego ha recibido una curación tan milagrosa, debe saber por lo menos en dónde está el que lo ha curado. La respuesta «No sé» indica por una parte la sinceridad de este hombre y, por otra, su ignorancia absoluta acerca de Jesús y su mensaje.

Testimonio del temor, 13-23
Cuando los vecinos ven que ya no pueden avanzar en su indagación, llevan al que había sido ciego ante los fariseos. Aparentemente éste no era un grupo oficial, sino un grupo reunido accidentalmente en alguna parte del templo. Juan nos aclara que el milagro ocurrió en sábado.

Para principiar su indagación, los fariseos le hacen la misma pregunta que le habían hecho los vecinos, acerca de cómo había recibido la vista. La segunda respuesta es más concisa que la primera: «Me puso lodo sobre los ojos, y me lavé, y veo». Esta respuesta es motivo de contienda entre los fariseos. Unos ven en el milagro una indicación de que Jesús, por haber celebrado la curación en sábado, no puede ser un enviado de Dios. Sin embargo, otros se preguntan: «¿Cómo puede un hombre pecador hacer estas señales?». Aquí no se descubre ninguna inclinación a seguir a Jesús, ni tampoco admiración o amor; este grupo de fariseos simplemente está perplejo ante el hecho. El hombre frente a ellos había sido ciego. Muchos lo testificaron. De la misma manera, el que había efectuado la señal no guardaba el sábado como indicaba la ley. ¿Cómo, entonces, pudo efectuar estos milagros?

Los fariseos ahora lanzan una pregunta cargada de 'significado al que recibió el milagro: «¿Qué dices *tú* del que te abrió los ojos?» Hemos enfatizado el «tú» de la pregunta, porque ahora el testimonio se vuelve personal. Sin saberlo, los fariseos están obligando, podríamos decir guiando, el hombre curado al camino que lo conducirá a una fe plena en Jesús y su evangelio.

Indudablemente, la pregunta «¿Qué dices tú del que te abrió los ojos» lo obliga a reflexionar sobre la experiencia que ha tenido con Jesús y responde: «Que es profeta». Para él, Jesús ya no es un hombre como cualquier otro; ahora el que había sido ciego descubre en Jesús un poder y una gracia que no aparecen en todos los hombres. Podríamos pensar que conocía las historias de Elías y Eliseo, y que recordaba cómo Naamán, el general sirio, había sido curado de la lepra al obedecer las instrucciones de Eliseo de lavarse en el Jordán. El que ha recobrado la vista no puede comprender cabalmente quién es Jesús, por eso lo califica con un título que, para él, lo distingue de los otros hombres: «es profeta».

Ahora la investigación toma un carácter más legalista. Como dato curioso, los fariseos ahora son llamados judíos y la palabra «fariseos» no vuelve a aparecer hasta el versículo 40; pero sigamos nosotros usando la palabra «fariseos». Este grupo no queda conforme con las respuestas del que recobró la vista. Ahora llaman a los padres de éste y, por principio de cuentas, les hacen dos preguntas: «¿Es éste vuestro hijo, el que vosotros decís que nació ciego? ¿Cómo, pues, ve ahora?» Los padres responden con mucha cautela, pensando bien cada una de sus palabras. A la primera pregunta responden: «Sabemos que éste es nuestro hijo y que nació ciego». No pueden negar el testimonio vivo que está delante de ellos. Pero a la segunda pregunta responden con temor y temblor: «. . . cómo vea ahora, no lo sabemos; o quién le haya abierto los ojos, nosotros tampoco lo sabemos».

Un aspecto dramático de esta entrevista es la forma en que los padres abandonan a su hijo a su suerte al añadir: «Edad tiene, preguntadle a él; él hablará por sí mismo». Esta respuesta da lugar a un poco de especulación. ¿Verdaderamente ignoraban los padres cómo y quién había efectuado el milagro? Si ellos mismos no habían estado presentes ¿su hijo no les habría contado lo sucedido? ¿Teniendo en cuenta la vida de pordiosero del ciego curado, sus padres lo habrían rechazado, de modo que no vivía con ellos?

Cuando los padres afirman que su hijo tiene «edad» están afirmando que, según las leyes judías, era un adulto. En Israel se llegaba legalmente a la mayoría de edad a los 13 años y quizás los padres del que nació ciego echaron mano de esta treta para librarse de sus responsabilidades. Aparte de eso, Juan nos aclara el motivo de la cautela de los padres, en una palabra: miedo. Tenían miedo de los fariseos y de las leyes que ellos habían establecido: Ya habían acordado que si alguien confesara que Jesús era el Mesías, sería expulsado de la sinagoga.

La expresión «expulsado de la sinagoga» no es fácil de comprender. El término «expulsado», que en el griego se traduce como «excomunión» aparece únicamente tres veces en el Nuevo Testamento: en el pasaje que estamos considerando, en Jn. 12.42, y en Jn. 16.2. Algunos comentaristas piensan que el término es anacrónico porque en el tiempo de Cristo no había una ley para expulsar a alguien de la sinagoga por seguir a Jesús. Algunos piensan que lo que el evangelista nos está narrando es la aplicación de una ley local que se había establecido en Jerusalén para combatir las enseñanzas de Jesús. Lo que sabemos es que posteriormente, al final del primer siglo de la era cristiana, había tres formas de excomunión de la sinagoga: *Nezifah,* por una semana; *nidduy* o *shamata,* por treinta días; y *herem,* una excomunión para siempre. También parece que al excomunicado le era prohibido todo contacto con su comunidad, pero se le permitía asistir a las actividades religiosas. Por la forma en que se desarrollan los acontecimientos, podríamos pensar que al ciego curado se le aplicó la tercera forma de excomunión que hemos mencionado.

¡Expulsado!, 24-34

Cuando los fariseos ven que no pueden lograr lo que desean con los padres, llaman de nuevo al que había sido ciego y tratan de presionarlo a que testifique en contra de Jesús. Pero él los resiste con entereza. No es posible argumentar con un hombre que afirma: «Una cosa sé, que habiendo sido yo ciego, ahora veo». Como hemos dicho anteriormente, durante toda esta discusión, los fariseos, sin darse cuenta, han estado ayudando al ciego curado a descubrir en Cristo a su Señor y Salvador. Ahora la persona de Jesús es más clara y definida para él porque, debido a las preguntas de los fariseos, ha tenido que pensar con más cuidado y detenimiento en la experiencia por la que acaba de pasar.

Los fariseos principian su segundo interrogatorio en una forma aparentemente piadosa: exhortan al que había sido ciego a dar «gloria a Dios». Esta exhortación puede entenderse de varias formas. Puede interpretarse según el espíritu de Jos. 7.19 donde Josué la usa para exhortar a su hijo Acán a decir la verdad y confesar sus pecados. Las palabras de los fariseos al ciego sanado podrían ser: Recuerda que Dios te ve, ríndele honor diciendo la verdad. La implicación es que los fariseos están convencidos de que el que había sido ciego tiene algo escondido que no ha dicho y que no ha sido completamente franco con ellos. También podemos descubrir aquí un juego de palabras: los fariseos exigen que el que recobró la vista dé gloria a Dios, pero en verdad él ya está dando gloria a Dios con su testimonio (Ro. 4.20).

Esta expresión «gloria a Dios» también podría interpretarse como la afirmación de los fariseos en el sentido de que lo único que hizo Jesús fue hacer lodo, untarlo en los ojos del ciego y pedirle que fuera a lavarse en el estanque de Siloé, y que tal cosa no requiere ni gloria ni honor. Estos pertenecen a Dios, quien hizo el milagro.

El hombre responde en una forma magistral. No entra en argumentos teológicos acerca del pecado o si Jesús es pecador. Después de todo, apenas lo acaba de conocer. El ciego curado se atiene a los hechos y éstos son irrefutables. Su respuesta muestra un carácter muy diferente al de sus padres. El conoce la verdad y está dispuesto a defenderla a toda costa. Su respuesta es tan concisa como hermosa: «Si es pecador, no lo sé; una cosa sé, que habiendo yo sido ciego, ahora veo.»

Los fariseos desean descubrir alguna falta en el método de curación usado por Jesús para condenarlo, cosa que aparentemente comprende el ciego curado, con un profundo desagrado, y responde con palabras que son una declaración clara de su relación con Jesús. Por una parte, ya había explicado el proceso seguido por Jesús y, por otra, los fariseos no habían «querido oír»; es decir, en las mentes cerradas de ellos, su testimonio no había encontrado cabida. ¿Para qué más discusión?

La respuesta a la pregunta «¿Queréis *también* vosotros haceros sus discípulos?», es un rotundo ¡no! de parte de los fariseos. Ya, en este punto de la discusión, el que recuperó la vista sabe que la mente de granito de sus interrogadores no va a cambiar, pero él desea dejar claro su sentimiento hacia Jesús. Por esta razón es importante la palabra «también» en su pregunta. Nos indica que su experiencia con Cristo sigue afinándose y que él ya se considera entre sus seguidores.

Cuando faltan razones para sostener una idea o un principio, brotan las injurias y los insultos. Cuando la ira ofusca la mente, se pierde el control de las palabras y los argumentos. El evangelista nos hace sentir que los ánimos se han caldeado y ahora los fariseos entran en un ataque personal contra el ciego sanado, declarando: «tú eres su discípulo, pero nosotros, discípulos de Moisés somos». Su argumento es que Dios ha hablado con Moisés cara a cara, «como quien habla con un amigo» (Ex. 33.11; Nm. 12.7-8; Dt. 34.10), lo que es cierto; pero ese no es el asunto a discutir. Lo que está sobre la mesa, y lo que el que había sido ciego defiende valerosa y firmemente, es que Jesús le había dado la vista y que era un gran hombre. Así lo había declarado, afirmando que Jesús era un hombre, luego que era un profeta, luego un hombre justo y bueno con poderes sobrenaturales, porque le había dado la vista. Ahora no niega que Jesús es su Maestro y él su discípulo. En las palabras de los fariseos ahora se descubre una ira incontenible y se refieren a Jesús despectivamente al llamarlo «ése», declarando con sorna que ni siquiera sabían de dónde ha venido.

Cuando los fariseos hablaron despectivamente de Jesús, el que había sido ciego fue mordaz en su respuesta: «Pues esto es lo maravilloso» —y podemos imaginar al ciego curado en una actitud desafiante y con un gesto de burla en su rostro—«¡que vosotros no sepáis de dónde sea, y a mí me abrió los ojos». En una forma valiente, contrapone al «nosotros» de los fariseos el pronombre personal «mí» para testificar «*a mí* me abrió los ojos». Esta declaración sarcástica se parece a la respuesta de Jesús a Nicodemo en Jn. 3.10: «¿Eres tú maestro de Israel y no sabes esto?». Podemos pensar que el que había sido ciego asistía a la sinagoga, porque pudo añadir a su respuesta un argumento teológico: «Dios no oye a los pecadores . . .», solamente a los justos. Por lo tanto, el que me curó debe venir de Dios (Is. 1.15). Nicodemo usó el mismo argumento en su conversación con Jesús en Juan 3.2. En esta argumentación puede verse que el ciego se acerca todavía más a Jesús, la Luz del Mundo, mientras los fariseos se internan más en el reino de las tinieblas.

Los fariseos ya no pueden argumentar más, y usan la injuria y la fuerza como último recurso: «Tú naciste del todo en pecado, ¿y nos enseñas a nosotros?» En otras palabras: tú eres pecador de nacimiento y un ignorante; ¿cómo pretendes enseñarnos a nosotros que somos limpios y conocemos las Escrituras? Su último arma es la fuerza: «y le expulsaron.»

La oveja perdida, 35-41
En los versículos que siguen tenemos uno de los pasajes más hermosos y tiernos de los evangelios. En tres breves versículos, el evangelista nos presenta a Jesús en su papel del Buen Pastor (Jn. 10.11-16) que busca la oveja perdida (Lc. 15.4-7) hasta encontrarla. Juan nos dice que Jesús oyó que habían expulsado al ciego que él había curado y usa la palabra «hallándole», que implica que tuvo que buscarlo e indagar acerca de su paradero hasta encontrarlo.

Sin andar con muchos rodeos, Jesús lanza la pregunta fundamental que llega al corazón del que había sido ciego: »¿Crees *tú* en el hijo de Dios?». No importa si sus padres creen o si los que lo condenaron creen o no, el asunto esencial es su fe. La respuesta es dramática en algunos aspectos. Por una parte, pone de manifiesto que el que había sido ciego había dado un testimonio valeroso acerca de Jesús sin conocerlo. Podríamos decir que era un testimonio de gratitud por el favor recibido: la vista. Pero es patético considerar que desconocía las enseñanzas de Jesús acerca de la salvación y el amor de Dios. Aun podemos ver que no comprendía el término «Hijo de Dios», porque en su respuesta denuncia su completa ignorancia acerca de la persona de Jesús y sus enseñanzas: «¿Quién es, Señor, para que crea en él?».

Jesús le responde amorosamente, como el Buen Pastor que ha encontrado su oveja perdida: «Pues le has visto, y el que habla contigo, él es». Esta respuesta nos recuerda la que dio a la samaritana (Jn. 4.26), pero aquí el Maestro usa una palabra clave para comprender este milagro en todo su significado: la palabra «visto». Recordemos que la persona a la que Jesús se dirige había sido ciega de nacimiento y, además, nunca lo había visto. Cuando el Señor lo curó le untó lodo sobre los ojos sin luz y le pidió que fuera a lavarse al Siloé. El ciego lo hizo, pero no volvió a ver a su Médico, ni siquiera supo quién era e ignoraba su paradero. Ahora lo ve por primera vez y escucha las palabras reveladoras que declaran enfáticamente: Yo soy el Hijo de Dios. «Pues le has *visto*, y el que habla contigo, él es».

Ante esta revelación el ciego ahora verdaderamente *«ve»*. Ve físicamente a Jesús, su rostro, sus ademanes, y puede identificarlo como el que le dio la vista. Pero además puede «ver» el contenido espiritual de sus palabras, sus acciones y el significado de la salvación. El evangelista nos describe en unas cuantas palabras la acción que sigue: «Creo, Señor; y le adoró». Esta declaración de fe y la pregunta del versículo 36 nos muestran nuevamente el progreso del que había sido ciego en el camino de la fe y la salvación. En su primera pregunta: «¿Quién es, Señor?» la palabra «señor» podría escribirse con minúscula, porque se usa simplemente como señal de respeto y cortesía, pero en el versículo 38 hay algo más. Aquí implica que Jesús es una persona digna de recibir adoración. El que recobró la vista lo reconoce como el Hijo de Dios, digno de recibir adoración. Este «Señor» debe escribirse con mayúscula. Con su actitud ha contestado positivamente a la pregunta de Jesús: «¿Crees tú en el Hijo de Dios?». Es interesante notar que la acción de adorar a Jesús no es rara en los evangelios, especialmente en Mateo; pero en Juan ocurre únicamente en este pasaje.

En los versículos que siguen tenemos la conclusión de esta historia, en la que Juan, el evangelista, resume la enseñanza que desea impartir. Jesús declara que él ha venido para juicio del mundo. Aunque en algunas otras partes declara que él vino para juzgar al mundo o que vendrá a juzgar al mundo (Mt. 25.31-46; Jn. 5.22-24, 27-30), aquí afirma simplemente que su presencia establece juicio. En su conversación con Nicodemo aclara este punto (Jn. 3.18, 21). La simple presencia de Jesús y su mensaje establecen juicio en el sentido de que el que cree, encuentra salvación y no es condenado, pero el que no cree se condena a sí mismo por no haber creído en el Hijo de Dios.

En el pasaje bajo nuestra consideración, se usa el símbolo de la ceguera para expresar la misma idea. Yo he venido «para que los que no ven, vean y los que ven, sean cegados». Los fariseos que escuchan estas palabras las comprenden y entienden perfectamente que Jesús se dirige especialmente a ellos, por lo que preguntan: «¿Acaso nosotros somos también ciegos?». La respuesta de Jesús ahora es clara y definitiva: Si en verdad fueran ciegos, como lo fue esta persona, no tendrían pecado; pero ustedes están en pecado porque dicen que ven, pero no reconocen al Hijo de Dios como la persona aquí presente, que ahora ve y puede «ver» al Hijo de Dios.

La historia ha concluido. El que había sido ciego ahora ve y goza de la luz de nuestro Señor Jesucristo. Ha encontrado plena salvación mientras los fariseos se adentran más y más en el reino de las tinieblas, autores de su propia condenación.

Para reflexión y estudio:

1. Los testigos del milagro tienen problemas para aceptarlo. ¿Cuál es tu reacción ante las bendiciones que recibimos de la mano de Dios? Cuando consigues el trabajo que necesitas, o cuando tú o alguno de tus familiares sanan de alguna enfermedad, ¿lo atribuyes a circunstancias especiales, a tu propia inteligencia, a la sabiduría de los médicos o a la eficacia de las medicinas, dejando fuera el poder y la gracia de Dios? Haz una lista de las circunstancias u ocasiones en las que puedes ver la mano de Dios obrando «milagros» en tu vida, y dale gracias.

2. ¿Cómo explicas un milagro «por obediencia», cuando la fe no existe? En tu propia vida, ¿has pasado por experiencias parecidas a la del ciego?

3. En este milagro podemos ver cómo la fe del ciego va en aumento, ayudada por los ataques e injurias de los enemigos de Jesús, hasta culminar en una entrega completa a Cristo. ¿Puedes encontrar alguna experiencia semejante a la del ciego en tu propia vida o en la de algunos de tus amigos?

4. El ciego estuvo dispuesto a sufrir por el amor y la lealtad hacia aquel que le había dado la vista, sin tener todavía una fe plena. ¿Qué lugar tiene el sufrimiento en tu vida cristiana?

5. El testimonio del ciego se fortalece por su actitud ante los acontecimientos de su vida. No tenemos indicación alguna de que hubiera blasfemado de Dios por su ceguera ni que hubiera culpado a sus padres de su condición. Al recibir la vista su testimonio de amor, lealtad y entrega a Jesús es inquebrantable. Examina tu experiencia cristiana y descubre los momentos en que tu fe ha flaqueado. Pídele a Dios que te ayude a dar un testimonio como el del ciego.

6. La culminación de esta historia es que el ciego adora a Jesús, y lo reconoce como el Hijo de Dios. Haz una lista de los títulos que damos a Jesús. Finalmente, hazte la pregunta: ¿Es Jesús, para *mí*, el Hijo de Dios y *mi* Salvador?

¡GRANDE ES TU FE!

▨　▨　▨

La fe de la mujer sirofenicia

(Mt. 15.21-28; Mr. 7.24-30)

Mateo nos presenta la historia de la mujer cananea, o sirofenicia como también se le llama, después del relato de la acalorada discusión que Jesús tuvo con los escribas y fariseos sobre el asunto de la limpieza ritual. En esta narración encontramos algunas expresiones a las que, en nuestros días, llamaríamos claramente «racistas».

El trasfondo de la historia

Los discípulos de Jesús, al comer sin lavarse las manos como requería la ley, son criticados por los escribas y los fariseos que siguen al Maestro con ojo acusador. En la discusión que sigue, Jesús aclara que no contamina al ser humano lo que entra por la boca, sino lo que sale de ella y, para reforzar su argumento, cita palabras del profeta Isaías: «Este pueblo de labios me honra; mas su corazón está lejos de mí». (Is. 29.13).

En su argumentación, el Señor aclara perfectamente que lo que sale de la boca viene del corazón y es lo que realmente indica la condición espiritual de la persona. En el Nuevo Testamento «corazón» indica el asiento de los impulsos, los afectos y los deseos: ver Mt. 6.21; 22.37; Fil. 1.7; del intelecto: ver Mt. 13.15; Ro. 1.21; de los procesos mentales: ver Mt. 5.8; Lc. 15; 1 P. 3.4; de la conciencia: ver 1 Jn. 3.20-21. Lo que Jesús ha dicho a los escribas y fariseos y explicado a sus discípulos es que el corazón es el asiento de lo que hoy llamamos «persona», y lo que está en él determina nuestras acciones y nuestro carácter. Por eso Pablo declara con toda su fe: «Con Cristo estoy juntamente crucificado, y ya no vivo yo, mas vive Cristo en mí; y lo que ahora vivo en la carne, lo vivo en la fe del Hijo de Dios, el cual me amó y se entregó a sí mismo por mí» (Gá. 2.20). Es decir, Pablo testifica que le ha entregado su corazón a Cristo. Su personalidad ahora pertenece a Cristo. Su identificación con Cristo es tan completa que Pablo considera que sin él su vida carecería de significado.

Una mujer . . . sirofenicia, 21–2

Con esta historia, Mateo aclara en una forma inolvidable el concepto que tiene Cristo acerca de la pureza ritual y su actitud ante los gentiles. Nuestra historia principia con el viaje de Jesús y sus discípulos a la región de Tiro y Sidón. En el pasaje paralelo, Marcos nos informa que Jesús entró en una casa con la idea de descansar, probablemente por unos días. Pero su fama lo había precedido y no pudo hacerlo. *Inmediatamente*, una mujer sirofenicia vino y se postró de rodillas delante de él con una petición en sus labios: «¡Señor, Hijo de David, ten misericordia de mí! Mi hija es gravemente atormentada por un demonio.» Es necesario hacer dos observaciones en este punto. En primer lugar, debemos notar que la persona que habla es una mujer y en la época de Jesús la mujer se consideraba prácticamente un ser sin ninguna prerrogativa social. De hecho, la mujer de nuestra historia se arriesgaba no solamente al entrar en casa extraña, sino también al hablar directamente a un grupo de hombres desconocidos. En segundo lugar, según Marcos, era una mujer sirofenicia. Mateo la llama cananea e indica que «había salido de aquella región». La región de referencia era la Fenicia, en la provincia de Siria, pero no se nos dice a cuál ciudad o pueblo había llegado Jesús con sus discípulos. De una cosa estamos seguros: la mujer era gentil.

Cuando Jesús aplicó el hielo, 23–26

El Jesús de nuestra historia es un Jesús diferente al que conocemos en los otros Evangelios, aun en su trato con otras mujeres. Recordemos su actitud ante la samaritana y la mujer adúltera. Cuando la sirofenicia presenta su necesidad, Jesús le aplica el hielo. Finge que no la oye y la ignora. Aplicar el hielo a una persona es cosa dura y duele mucho. Recuerdo en mis años de escuela primaria y aún después, cuando el grupo de amigos decidía aplicarle el hielo a alguien, ese alguien sufría porque sus amigos no le hablaban ni le escuchaban. Equivalía a una muerte social.

Pero en el caso de la mujer de nuestra historia la cosa era más grave. Jesús no tenía derecho de escuchar la petición de esa mujer. Como buen judío, debía reservar sus bendiciones para los judíos, y «no le respondió palabra».

Los discípulos creyeron entender la dinámica de lo que estaba aconteciendo entre la mujer con su petición y Jesús con su aparente rechazo, y le pidieron al Maestro que la despidiera, que la echara fuera. A lo que Jesús respondió: «No soy enviado sino a las ovejas perdidas de la casa de Israel». Esta respuesta iba dirigida a los discípulos, no a la sirofenicia. Cualquier persona se hubiera sentido ofendida y humillada. Posiblemente la mujer de nuestra historia así se sintió. Pero su necesidad era mucha y el amor por su hija muy grande, y persistió.

En la escena siguiente Mateo nos presenta, con gran dramatismo, la angustia de la mujer que siente que su petición puede desvanecerse en el aire, y que su hija continuará en las garras del demonio por el resto de sus días. Sin saber qué hacer, se postra ante Jesús y clama con un gemido que solamente puede brotar del corazón de una madre cuya hija está en peligro de muerte: «¡Señor, socórreme!»

Una pagana que se portó como cristiana, 27-8

Es interesante considerar que la madre está pidiendo que ella misma sea socorrida. No menciona a su hija. Esto demuestra el gran amor de esta mujer por el fruto de su vientre. Se identifica tan íntimamente, tan completamente con su hija, que los sufrimientos de la hija son los sufrimientos de la madre y las angustias de la hija son las angustias de la madre. A este clamor Jesús responde: «No está bien tomar el pan de los hijos, y echarlo a los perrillos». (V. 26)

Varios comentaristas consideran que este es el pasaje más difícil de interpretar en el Nuevo Testamento. La historia que Mateo y Marcos nos presentan tiene ligeras variantes, pero ambos evangelistas coinciden en las palabras de Jesús a la sirofenicia. Estas palabras son duras y hasta insultantes. No son las que esperamos oír en boca del Jesús que nos presentan los Evangelios. Al comparar este incidente con otras ocasiones en las que Jesús muestra su amor y diligencia hacia mujeres en necesidad, nos es difícil entender su actitud en este caso.

Algunos tratan de resolver este dilema al sugerir que el Maestro trataba de dar una lección objetiva a sus discípulos con relación a la limpieza ritual y el trato a los gentiles. Pero tal actitud de Jesús sería injusta y cruel con la sirofenicia. De hecho, parece una verdadera contradicción en el ministerio de Jesús. Lucas nos indica que al inicio de su ministerio, en la sinagoga de Nazaret, el Maestro hizo declaraciones sorprendentes en cuanto a lo que su obra significaría en los años futuros. En su primer sermón encontramos estas palabras: «Y en verdad os digo que muchas viudas había en Israel en los días de Elías, cuando el cielo fue cerrado por tres años y seis meses, y hubo una gran hambre en toda la tierra; pero a ninguna de ellas fue enviado Elías, sino a una mujer viuda en Sarepta de Sidón. Y muchos leprosos había en Israel en tiempo del profeta Eliseo; pero ninguno de ellos fue limpiado, sino Naamán el Sirio» (Lc. 4.25-27).

Vale la pena notar que la situación de Elías se repite ahora en el caso de Jesús. Elías fue enviado a socorrer a una mujer de Fenicia, una gentil. Ahora

Jesús se encuentra en una situación similar, ante una mujer de Fenicia y, por lo tanto, gentil. ¿Ha cambiado el Señor su punto de vista y la naturaleza de su evangelio en el transcurso de su ministerio? No lo creemos.

Algunos comentaristas descubren en este diálogo entre Jesús y la sirofenicia un buen sentido del humor. En esta narración tenemos uno de los pocos diálogos de Jesús que encontramos en los evangelios. Leemos las palabras, pero no se indican los ademanes de Jesús, la expresión de su rostro, ni el tono de su voz. Tampoco se nos dice nada acerca de la mujer, excepto sus palabras. Sin embargo, algunos eruditos descubren un profundo sentido de humor en el diálogo.

Uno de ellos, al describir la escena cuando Jesús pronuncia las palabras del versículo 26 llamándola perro o perrito (como la palabra original puede traducirse también, indicando un perrito, propiedad de los hijos de la familia), piensa que la mujer descubrió en los ojos del Maestro ese brillo peculiar que viene con el sentido del humor y la ironía. Probablemente nadie más se dio cuenta de lo que acontecía, pero la mujer comprendió perfectamente que Jesús estaba bromeando con ella.

El tono de la voz dice tanto como el significado de las palabras mismas y, en algunos casos, dice más. Con el tono de nuestra voz podemos ofender o bromear. Recuerdo el caso de una de las misioneras más estimadas en mi ciudad natal, Guadalajara, que tenía una amiga muy querida que la llamaba «Gringuita». Sabemos que la palabra «gringo» o «gringa» se usa como término despectivo para los norteamericanos. En cierta ocasión, la misionera nos explicó que ella no se sentía ofendida, porque su amiga la llamaba así con cierto tono que quitaba todo el sentido ofensivo a la palabra. Eso es lo que nuestro comentarista descubre en este diálogo. La sirofenicia capta la ironía que Jesús usa y responde inmediatamente: «Sí, Señor, pero aun los perrillos comen de las migajas que caen de la mesa de sus amos» (V.26). En esta historia algunos descubren a un Jesús que muy rara vez encontramos representado en las pinturas y nunca en el Nuevo Testamento. Aquí tenemos un Jesús que sabe reír. Sabemos del Jesús que llora, pero no del Jesús que ríe.

Cuando la mujer contestó así a la aseveración de Jesús, podemos imaginar que Jesús inmediatamente prorrumpió en sonora carcajada, al comprender que la sirofenicia había captado el sentido de sus palabras. Es hermoso pensar que el Jesús que sufre y llora tiene un corazón humano que sabe reír y gozar de un buen momento con sus amigos o vecinos. ¿Cómo supo Jesús que había fe en el corazón de la mujer y no solamente un buen sentido del humor? No lo sabemos. Pero el Señor, por medio de este corto diálogo y este breve contacto con esta mujer, reconoció que junto con la necesidad que le había presentado, había también una fe poderosa en su corazón.

La narración concluye en una forma rápida, como en esas obras de teatro donde se indica al final: «Telón rápido». Las palabras de Jesús son terminantes y precisas: «Oh mujer, grande es tu fe; hágase contigo como quieres. Y su hija fue sanada desde aquella hora» (V. 28). Aquí descubrimos que Jesús ha escuchado en verdad cada palabra que esta madre atormentada ha pronunciado en su presencia. Su súplica fue: «¡Señor, socórreme!» Ahora Jesús responde: «Hágase contigo *como quieres*», y su hija fue sanada. Jesús no sólo escuchó, sino que también leyó el corazón de la madre y vio claramente que su angustia y sufrimiento eran por el estado de su hija atormentada por el demonio.

Cuando Cristo interviene el resultado es de esperarse: la hija es sanada en la misma hora en que el Señor pronuncia sus palabras de bendición. En este caso, como en el del siervo del centurión, el Señor sana *a la distancia*. Jesús nos muestra lo que ha de acontecer en el futuro. Él no estará más físicamente en el mundo, pero por medio de su Espíritu será tan poderoso como siempre y podrá curar y tocar vidas, como lo ha hecho en todas las edades. Él es el mismo ayer, hoy y por los siglos.

Para reflexión y estudio

1. Cuando la mujer sirofenicia supo que Jesús estaba en su pueblo, *inmediatamente* fue a buscarlo para presentarle su necesidad. En tu vida personal, ¿dudas que Jesús pueda ayudarte en tus problemas? Preséntale *inmediatamente* tus necesidades, grandes o pequeñas; él quiere ayudarte.

2. Es fácil comprender que Jesús lloró durante su ministerio, pero ¿puedes imaginártelo riendo? Piensa en los momentos felices que has tenido en tu vida. ¿Crees que Jesús los santificó con su presencia?

3. ¿Por qué trató Jesús a la sirofenicia en forma distinta que a la mujer samaritana o a la adúltera? ¿Puedes pensar en algunas razones?

4. La base para la curación de la hija de la sirofenicia fue la fe. Pide la ayuda del Señor con fe y él obrará en tu vida (Mt. 21.21-22; Mr. 9.23).

¡ME HA TOCADO!

◼ ◼ ◼

La mujer encorvada

(Lc. 13.10-17)

El pasaje sobre la mujer encorvada solo aparece en Lucas. Por alguna razón, no es de los milagros populares de Jesús. Los comentaristas pasan rápidamente por él, y no figura en los índices de los libros de sermones sobre los milagros. Pero es un milagro significativo desde varios puntos de vista. La brevedad con que Lucas nos lo narra no indica falta de importancia.

El contexto del pasaje

Nuestro pasaje se encuentra rodeado de material que Lucas usa para mostrar la trascendencia del ministerio de Jesús. Antes y después del pasaje bajo consideración, encontramos al Maestro enseñando. En los versículos anteriores indica la importancia de estar listos para la venida del Reino y narra la parábola de la higuera estéril, destacando la importancia de dar fruto.

En los versículos que siguen el texto que vamos a estudiar, tenemos dos parábolas sobre el crecimiento del Reino: la levadura y la semilla de mostaza. Después, tenemos la enseñanza sobre la puerta estrecha, que nos indica que es difícil entrar en el Reino y que es necesario esforzarse para entrar en él. Finalmente, tenemos el patético lamento de Jesús sobre Jerusalén.

En todos estos pasajes Jesús expone el tema del Reino y ofrece su invitación a entrar en él. También pone de manifiesto que muchos rechazan la invitación, y que, al hacerlo, se condenan a sí mismos. Al colocar nuestra historia en este contexto, Lucas nos indica que este milagro de Jesús no fue algo independiente de su ministerio, ni fue realizado al impulso del momento, sino que se realizó en íntima conexión con su ministerio. Nos daremos cuenta de esto conforme avancemos en nuestro estudio.

Conflicto de valores

Lucas no indica el lugar en que sucedió el milagro. La historia que nos narra podría iniciarse como principia Cervantes su historia del Quijote: «En un lugar de la mancha, de cuyo nombre no quiero acordarme . . .». Nosotros, parafraseando al ilustre escritor prodríamos decir: «En un lugar de Palestina. . . .». Lo único que nos dice es que Jesús estaba en una sinagoga en un día de reposo, es decir, un sábado. No se indica el lugar, solo el día: un sábado. No necesitamos saber más porque, como vamos a ver, la acción de la historia gira en torno a la ley y a la forma de guardar el sábado, en contraposición con las normas del Reino que Jesús ha venido a establecer.

Como era su costumbre, el Señor enseñaba en un día de reposo. El milagro está relacionado con su ministerio de enseñanza. Pero no se nos dice claramente si el milagro pasó mientras Jesús estaba en la sinagoga o si aconteció después, mientras la congregación se despedía a la puerta o en el patio. Lo que Lucas nos dice es que el Maestro vio a una mujer enferma, desde hacía 18 años, que no podía andar erecta debido a un «espíritu de enfermedad» que la hacía caminar encorvada.

Si seguimos la opinión expuesta por algunos comentaristas, podemos pensar que el milagro se desarrolló dentro de la sinagoga. Mientras Jesús enseñaba, descubrió a la mujer entre la congregación y, al terminar, se dirigió directamente a ella. Se nos dice que la llamó (V. 12).

Usando nuestra imaginación, podemos ver la forma en que se realizó el drama. Al oír que Jesús la llama, la mujer encorvada se levanta y camina con dificultad entre la congregación hacia Jesús. Pero al verla, el Maestro no puede contenerse y va hacia ella, mientras le dice con voz sonora y llena de júbilo: «¡Mujer, eres libre de tu enfermedad!». Jesús y la enferma se encuentran frente a frente en el centro de la sinagoga. Los ojos de todos se centran en ellos en actitud expectante. Jesús ha dicho que la mujer es libre de su enfermedad, pero la congregación la ve como siempre, encorvada. ¿Qué va a suceder ahora? Allí, en el centro de la sinagoga y con todos los ojos fijos en ellos, el Señor pone las manos sobre ella y la mujer se endereza inmediatamente. El milagro se ha realizado.

El «principal de la sinagoga» reacciona con disgusto ante esta escena. Hablando a la congregación, procurando evitar una confrontación directa con Jesús, argumenta que la semana tiene varios días y que el pueblo debe buscar la sanidad que Jesús ofrece cualquier otro día de la semana, menos el sábado. El Maestro responde con valor y vigor al principal de la sinagoga llamándolo hipócrita y le presenta un argumento al que no puede responder. Le dice: Ustedes desatan a sus animales para darles de beber el día sábado, lo cual significa trabajo. Entonces lanza la pregunta candente: ¿No es lícito sanar a esta mujer que Satanás ha atado por 18 años? Y afirma categóricamente: Ella también es hija de Abraham.

Al final de la historia, tenemos dos grupos perfectamente delimitados:

los enemigos de Jesús, avergonzados y, podemos decir, con un enojo todavía más profundo; y el pueblo regocijándose por todas las cosas maravillosas que Jesús hacía entre ellos.

Explicándonos un poco

Al principio de nuestro estudio indicamos que Jesús está en la sinagoga enseñando. Lo que Lucas trata de mostrar en el contexto de esta historia es la importancia del Reino en el ministerio de Cristo. Con esta historia tan sencilla y tan breve, el evangelista ofrece un ejemplo de la manifestación del Reino de Dios entre los humanos. Procuremos descubrir cómo lo hace.

En primer lugar, Jesús es el que toma y mantiene la iniciativa en todo el desarrollo de la historia: Descubre a la mujer, la llama, la sana y pone las manos sobre ella. Los eruditos bíblicos no se ponen de acuerdo sobre si, en tiempos de Jesús, las mujeres podían entrar en las sinagogas y estar junto con los hombres. Algunos piensan que no, que podían asistir a los servicios, pero solamente ocupando un lugar reservado para ellas, aparte de los varones. El argumento que usan es que no se podía garantizar que todas las mujeres estuvieran limpias en un momento dado, debido a su regla.

Otros piensan que sí se les permitía estar con los varones; que realmente no había distinción, en el tiempo de Jesús, en cuanto a los lugares que los hombres y las mujeres ocupaban en la sinagoga. Lo que todos afirman es que la mujer ocupaba un lugar secundario con relación al hombre. En ocasiones era tan secundario que la mujer llegaba a considerarse simplemente como un objeto que pertenecía al padre o al esposo, pero sin ningún valor civil. Jesús muestra cuál será la condición de la mujer en el Reino de Dios. Él toma la iniciativa, la llama, va a ella y la sana. Además, con un gesto de absoluto valor y belleza, la toca, pone sus manos sobre ella.

Delante de todo el pueblo Jesús indica que la mujer tiene valor y un lugar en el Reino y que él, como enviado de Dios, ha venido a quitar toda impureza y pecado del mundo. Mujeres, hombres, niños, ancianos, todos tienen entrada y un lugar en su Reino.

En segundo lugar, la enfermedad se describe en una forma interesante. Se nos dice que la mujer tenía «espíritu de enfermedad», es decir, su enfermedad era atribuida a Satanás (V. 11), como se aclara después en el versículo 16. Además, Lucas nos dice que la enfermedad ha dejado a la mujer así, encorvada de tal forma que «en ninguna manera se podía enderezar». Jesús interviene y entonces vemos a la mujer en la actitud y en la forma que debe tener: «se enderezó luego y glorificaba a Dios» (V. 13).

Debemos comprender, sin embargo, que aunque su enfermedad era atribuida al demonio, la mujer encorvada no era considerada una mujer pecadora. Según la historia, era una persona bien conocida en su comunidad y cumplía con sus deberes religiosos, asistiendo con regularidad a los servicios de la sinagoga.

En las Escrituras encontramos varias referencias a la actitud que debemos guardar delante de Dios: de rodillas, sí, en actitud de oración y reverencia; pero también de pie, erguidos, firmes. Podemos pensar en Elías cuando, huyendo de Jezabel, se escondió en una cueva en el monte Horeb. Dios le dice: «Sal fuera y ponte en el monte de Jehová» (1R. 19.11). En el hebreo original la palabra que se traduce por «ponte» quiere decir estar de pie, firme.

En Ezequiel 2.1–2, se le pide al profeta que se ponga sobre sus pies para que Dios pueda hablar con él. Es hermoso considerar que en estos dos casos se usa el mismo verbo y cuando Elías y Ezequiel toman la posición debida, Dios les concede su Espíritu y pueden actuar en su nombre.

En Lucas, también, hay un pasaje en el que Jesús exhorta a los que quieran entrar en su Reino a estar de pie delante del Hijo del Hombre (Lc. 21.36). Es interesante considerar que, en la iglesia antigua, el domingo se oraba de pie.

La enferma, por medio de la palabra y el toque de Jesús, recibió el poder para estar de pie. Un comentarista llama a esta actitud una «postura escatológica»: es decir, la postura de los últimos tiempos —la postura que se debe guardar en el Reino.

En tercer lugar, el principal de la sinagoga usa el sábado como argumento en contra de la curación efectuada por Jesús. Los «principales» en la sinagoga eran el equivalente de lo que nosotros llamamos «pastor». Su deber era dirigir los servicios de adoración, la enseñanza que se proveía en ellos y, en una palabra, ver que todo marchara bien. Eran líderes de su comunidad, estimados y respetados en ella. En una forma dramática y elocuente, el evangelista nos presenta al principal de la sinagoga como incapaz de ver el significado trascendental de lo que Jesús acaba de hacer: el Reino ha llegado y se está manifestando en el pueblo de Dios.

El sábado, que debía ser día de gozo y bendición para el pueblo, había llegado a ser símbolo de las cadenas con que la ley ataba a Israel. Aparentemente, Lucas tiene en mente la versión de los Diez Mandamientos que encontramos en Deuteronomio, particularmente 5.15, en donde leemos: «Acuérdate que fuiste siervo en tierra de Egipto y que Jehová tu Dios te sacó de allá con mano fuerte y brazo extendido; por lo cual Jehová tu Dios te ha mandado que guardes el día de reposo», es decir, el sábado. En el Evangelio de Lucas, la curación de la mujer encorvada en un día de reposo llega a ser símbolo de la libertad.

En los versículos anteriores se establece la forma en que debe guardarse el día de reposo, pero en el 15 se ofrece la razón para hacerlo: Dios es fuente de libertad y poder. En Exodo 20.11 el poder creador de Dios es la razón para establecer el sábado como día de descanso. En ambos casos Dios obra en beneficio de sus criaturas. Lucas nos está diciendo: En Cristo, Dios obra, y es fuente de poder, de libertad y de vida. Recordemos que Jesús ya se ha declarado «Señor del sábado» (Lc. 6.5; ver también He. 4.9-11 y Mt. 11.29-30).

Lucas hace hincapié en el tema de la libertad que existe en el Reino al usar las palabras *atar* y *desatar* en la discusión de Jesús con el principal de la sinagoga. Cuando el principal exhorta a la gente a que venga a curarse en cualquier otro día, menos en sábado, Jesús reacciona llamándolo hipócrita. Le da las razones para el uso de este adjetivo tan fuerte: ¿No *desatan* a sus animales para llevarlos a beber agua el día de reposo? Luego añade: «Y a esta hija de Abraham que Satanás había *atado* dieciocho años, ¿no se le debía *desatar* de esta ligadura en el día de reposo?»

«Hija de Abraham»

Las palabras que Lucas pone en labios de Jesús al referirse a la mujer enferma, «hija de Abraham», son importantes. Por una parte, el evangelista está declarando que con la venida de Jesús, la nueva era del reino de Dios ha sido implantada en la tierra. Es la época de salvación, la época que Pablo describe al decir: «Las cosas viejas pasaron, he aquí todas son hechas nuevas» (2 Co. 5.17).

Por otra parte, el evangelista afirma que el pacto de Dios con Abraham se ha cumplido en Cristo. Este pacto fue un pacto de gracia. Abraham simplemente recibió las promesas de Dios y las aceptó por fe (ver Gn. 12.1-9; 15; 17). Pablo nos hace ver que, en Cristo, el pacto con Abraham se ha cumplido. ¡Los ciudadanos del Reino somos los herederos de la promesa!. Ahora nos toca a nosotros alabar y bendecir al Señor por sus bendiciones (ver Gá. 3.6-18).

En otras partes del evangelio, Lucas se refiere al pacto de Dios con Abraham, e indica que el advenimiento de Cristo es el cumplimiento de ese pacto (ver Lc. 1.55, 73). También en Hechos, libro que se atribuye al mismo Lucas, encontramos una referencia al pacto de Dios con Abraham en labios de Pedro, después de sanar al cojo en la puerta la Hermosa. Pedro invita al pueblo a echar mano de las promesas del pacto con Abraham, que ya se ha cumplido con la venida del «profeta como Moisés» en la persona de Jesús (Hch. 3.22-26).

Encontramos una referencia al pacto con Abraham en labios de Jesús en Lucas 19.1–10 cuando nos narra la historia de Zaqueo el publicano. Al final de la narración, en el versículo 9, Jesús declara que la salvación ha venido a Zaqueo y a toda su familia, a «su casa», por cuanto también es «hijo de Abraham».

Como notamos anteriormente, al terminar nuestro estudio, tenemos a la congregación dividida en dos grupos: Los líderes religiosos avergonzados ante las palabras de Jesús y la multitud que lo aclama por todas las cosas gloriosas que ha hecho. De esta manera, Lucas nos muestra el cuadro de los que entran en el Reino y de los que quedan fuera de él. En esta escena hay un sentido de urgencia, como si el evangelista nos estuviera diciendo: ¡El Reino ha llegado! ¡Las puertas están abiertas, entren por ellas! Pablo lo dice en palabras más claras y precisas: «Ahora es el momento oportuno. ¡Ahora es el día de la salvación!» (2 Co. 6.2).

En conclusión, podemos indicar que el milagro de la curación de la mujer enferma nos habla en una forma directa y especial en estos días de tumultos y guerras. En las ciudades la gente se siente insegura, los adolescentes y niños con armas en las manos matan y hieren a sus semejantes. En los momentos de escribir estas líneas, el edificio del parlamento en Moscú arde en llamas y la población está en armas; en Somalia impera la anarquía y la sangre corre libremente. En las calles del sur de California, los pandilleros se matan unos a otros y, de paso, matan y hieren a personas inocentes. Cuando usted lea estas páginas, habrá otras crisis. Satanás tiene poder y lo tendrá hasta que el Señor venga con todo su poder a establecer su Reino definitivamente.

En nuestro estudio podemos encontrar enseñanzas y poder para vivir estos días en una actitud cristiana. Mientras Jesús está enseñando en la sinagoga, ve a la enferma y la llama. Sabe que ella tiene necesidad de su palabra y de su toque. Él toma la iniciativa y nos muestra que Dios cuida de nosotros. El mundo puede volverse loco y ser un caos, pero en esta historia se nos muestra, como dice el himno, que «si él cuida de las aves, cuidará también de mí».

La historia de este milagro nos dice una cosa importante: El ciudadano del Reino, el cristiano, debe ser una persona de valor. Debe mantener una postura erguida frente a todas las adversidades de la vida. Jesús descubrió que la mujer no podía erguirse. No podía ver las estrellas. Y la curó. La posición en el Reino es de *firmes*, de valor y fe en nuestro Dios.

La historia nos muestra también que los habitantes del Reino son gente libre. En el Reino no hay esclavos ni subyugados. Para mantenerse firmes, con valor y fe, es necesario estar en libertad y tener un amor entrañable por nuestro Rey y Señor. Según la historia que nos narra Lucas, la enferma no pudo alabar y bendecir a Dios en forma erguida ni pudo ver a sus semejantes frente a frente hasta que Jesús la curó. Por eso el precepto bíblico es: ¡Ponte sobre tus pies! y, entonces, hablaré contigo.

Pero probablemente la enseñanza más hermosa y de más valor para nosotros en nuestros días, es que Jesús controla la acción de principio a fin. Él descubre a la mujer enferma y la llama y, mientras ella viene, él va a su encuentro. La llama y la busca. Pronuncia las palabras de liberación y se produce el milagro. Pero sucede algo más: el Señor pone sus manos sobre ella en actitud de bendición e identificación. Al hacerlo se vuelve uno con ella y con nosotros, carne de nuestra carne y huesos de nuestros huesos (ver Jn. 1.14; 1 Jn. 1.1-4). El toque de Jesús es libertad, identificación, salvación, ¡entrada en su Reino!

Para reflexión y estudio:

1. La reacción de Jesús al ver a la mujer encorvada muestra que, en su Reino, todos somos iguales (Gá. 3.28). ¿Qué implicaciones tiene este milagro de Jesús para los esfuerzos feministas de nuestros días?

2. Nos hemos referido a la posición de firmes como la «postura escatológica», la actitud del Reino. Jesús tocó a la mujer encorvada para que pudiera erguirse. ¿Qué medios existen en nuestros días que nos pueden ayudar a «ponernos sobre nuestros pies» para poder entrar al Reino?

3. Jesús usa las palabras *atar* y *desatar* al referirse a la enfermedad de la mujer de nuestra historia. ¿Hay en tu vida algunas enfermedades físicas o espirituales que pudieras poner en las manos de Dios para que las desate?

4. Aparentemente, en lugar de mejorar el mundo ha empeorado y el establecimiento del Reino se encuentra más lejos que nunca. ¿Descubres algunas señales que muestran que Dios tiene todo bajo control? ¿Cómo puedes ser tú mismo un instrumento en las manos de Dios para apresurar la venida de su Reino?

No molestes al Maestro

❈   ❈   ❈

La hija de Jairo y la mujer con flujo de sangre

(Mr. 5.21-43; Mt. 9.18-26; Lc. 8.40-56)

Aunque el pasaje no lo dice, podemos pensar que Jesús efectuó este mila-gro en Capernaum. Según Marcos en el capítulo cuatro, el Señor ha es-tado muy ocupado enseñando y haciendo otros milagros: ha calmado la tempestad mientras cruzaba el Mar de Galilea rumbo a Gadara en el sureste, donde sanaría a un endemoniado. Ahora leemos en el primer versículo de nuestra historia, que regresa a la otra orilla. Los comentaristas consideran que el lugar al que regresó fue Capernaum. En todas estas actividades, Jesús se ha visto rodeado de multitudes que lo siguen entusiastas, maravillados de sus en-señanzas y alabándolo por sus milagros.

En todo este tiempo el Maestro no ha tenido ni un minuto de reposo. Podemos imaginar que, al subir a la barca que lo regresará a Capernaum, tiene en mente escapar de la multitud de alguna manera y descansar, aunque sea por unas horas, en algún lugar en el que pueda encontrar quietud y paz. Pero no suceden las cosas como él quiere. Al llegar a Capernaum la multitud ya lo está esperando, ansiosa de escuchar sus palabras y de ser testigo de sus milagros.

Marcos no nos dice nada acerca de la reacción de Jesús al arribar. Sola-mente dice que la multitud lo rodeaba y que estaba junto al mar. Esto quiere decir que acababa de llegar y no había tenido tiempo de caminar hacia el pueblo, a fin de alejarse de los que lo rodeaban. Lo que sí se nos dice es que uno de los oficiales de la sinagoga, llamado Jairo, llegó inmediatamente con una petición.

Nuestra historia aparece en tres de los Evangelios: Mateo, Marcos y Lucas; pero las versiones de Mateo y Lucas son más breves y carecen de los detalles que Marcos nos ofrece. Un comentarista nos hace notar que la narra-ción de este evangelista es viva y llena de puntos interesantes, como si fuera un testimonio personal del escritor. Por Marcos sabemos de la personalidad de Jairo y su clamor al buscar ayuda; del incidente de la mujer con flujo de sangre; de la actitud altanera y un tanto escéptica de los que trajeron la mala noticia de la muerte de la niña; de la determinación de Jesús de ir a la casa de Jairo; de la escena de las lloronas profesionales y su afirmación que «La niña no está muerta, sino duerme». La orden a la niña en arameo y la preocupación de Jesús por su bienestar al ordenar que le den de comer son unos detalles que hacen de la historia de Marcos una narración más original y completa que la de los otros dos evangelistas.

Junto al mar, 21-24

La expresión «la otra orilla» nos hace pensar en la importancia que el Mar de Galilea tiene en el Evangelio de Marcos: Jesús llama a sus discípulos mientras anda junto al mar de Galilea (1.16); llama a Leví cuando vuelve a salir al mar (2.13); poco después, se retira al mar (3.7); luego tenemos una serie de incidentes en los que el Señor cruza el Mar de Galilea varias veces (3.35; 5.1, 21); Jesús anda sobre el mar (6.45-52); luego, tenemos otras referencias al mar relacionadas con sus viajes. (7.31; 8.10, 13).

Al principiar la historia, Jesús está junto al mar, rodeado por una gran multitud, cuando Jairo se le acerca y se postra delante de él, sin importarle la presencia de la muchedumbre los rodea. Es importante considerar aquí que Jairo era «uno de los principales de la sinagoga», lo que quiere decir que, aunque no era rabino, tenía una parte importante en su funcionamiento: tenía que ver que los servicios se desarrollaran debidamente y que la educación de los niños se llevara a cabo en forma adecuada. Estas personas eran importantes no sólo en la sinagoga, sino en toda la comunidad. Además, por las referencias que Marcos hace acerca de su casa, podemos inferir que Jairo era una persona acomodada y con sirvientes bajo su mando.

El nombre Jairo quiere decir *el que ilumina*, y, en un sentido, eso es lo que hace en el pasaje que estamos considerando. Como veremos, su actitud ante Cristo y la forma en que enfrenta el problema de la enfermedad de su hija, nos dan luz para resolver nuestros propios problemas y encontrar nuestro lugar ante la persona de Jesús. Jairo era una persona importante e influyente en su comunidad, lo que lo obligaba a mantener un cierto protocolo ante sus vecinos. Un individuo de su alcurnia no debía humillarse ante una persona del común del pueblo, ante un carpintero o alguien que pretendía ser maestro, sin el reconocimiento del Templo o de la sinagoga. Sin embargo, viene y se postra a los pies de Jesús; es decir, cae de rodillas ante el Maestro en señal de respeto, veneración y ruego. No le importa lo que pensará la gente que los rodea. Él tiene un problema grave y urgente y sabe que Jesús puede ayudarle a resolverlo.

Según la historia, el problema de Jairo es que su hijita de doce años está gravemente enferma. Podemos imaginar la escena que contempla la multitud con asombro: Jairo, un líder de la sinagoga, postrado a los pies de Jesús, le *ruega* que vaya a su casa para poner sus manos sobre su hija para que sane. Cuando hay una gran necesidad y todos los caminos se cierran, el Maestro siempre está listo a darnos su mano de ayuda, si se la pedimos. Jairo nos muestra la mejor manera de hacerlo: humillarnos ante su presencia y rogarle sin pretender que tenemos privilegios o motivos especiales por los que se nos debe atender en forma especial. Jairo se olvidó de sus riquezas y del lugar elevado que ocupaba como líder en su comunidad y simplemente rogó. Sabía que si Jesús no iba con él, su hijita moriría irremediablemente.

La petición concreta de Jairo era: «Ven y pon las manos sobre ella para que sea salva y vivirá». Es posible especular sobre la posibilidad de que Jairo haya estado entre la multitud en otras ocasiones cuando Jesús efectuó algunos milagros y lo haya visto poner sus manos sobre los enfermos; o que Jairo, calladamente, en el fondo de su corazón, pero sin hacer una declaración pública de su fe, creyera en las buenas nuevas que Jesús predicaba. Cualquier posición que tomemos sería conjetural porque carecemos de datos sobre este particular. Pero sí sabemos que en la práctica de la medicina en el tiempo de Cristo, era costumbre poner las manos sobre los enfermos como método de curación.

En la súplica de Jairo encontramos dos palabras que tienen un significado muy especial en el lenguaje cristiano: «salvar» y «vivir». A éstas podríamos añadir «sanar». En el griego original del Nuevo Testamento, estas tres palabras están íntimamente relacionadas. Originalmente tuvieron un significado secular en el que «salvar» significaba sencillamente salvar o rescatar a alguien de algún peligro; «vivir» quería decir simplemente gozar del funcionamiento de los órganos vitales, de tal manera que podemos comunicarnos los unos con los otros; y, finalmente, «sanar» quería decir recuperar la salud que se había perdido. Es sumamente interesante que en griego *«sanar»* y *«salvar»* son la misma palabra. Partiendo de estas definiciones, es fácil ver cómo estas palabras tienen una aplicación y un valor muy importante en la comprensión del evangelio de nuestro Señor Jesucristo. Por medio de sus enseñanzas y, posteriormente, a través de la predicación apostólica, estas palabras llegaron a tener el significado que ahora les damos.

Probablemente Jairo tiene en mente el significado que podríamos llamar secular de «salvar» y «vivir», aunque de esto no podemos estar seguros. Pero Marcos tiene en mente el significado cristiano de los términos. Creo que no forzamos la Escritura si decimos que Jairo probablemente deseaba que su hijita simplemente fuera rescatada de las garras de la muerte y que volviera a vivir una vida saludable y vigorosa. Pero se puede entender también que, por la mediación de Cristo, la hija de Jairo iba a encontrar, no únicamente la salvación de su enfermedad presente sino aquélla que le permitiría una vida eterna en los cielos. Salvar, vivir y sanar son palabras que están cargadas de un significado que solamente puede comprender aquel que ha sido tocado por las manos de Cristo.

La narración continúa con la indicación de que Jesús oyó la súplica de Jairo y fue con él, pero se añaden dos detalles que conviene tomar en cuenta para comprender mejor el resto del pasaje. Se nos indica que el Señor no fue solo, sino que lo siguió una *gran* multitud: no simplemente un grupo grande de personas sino una muchedumbre o, como decimos vulgarmente, un gentío. Esta multitud era tan grande que apretaba al Maestro. Podemos imaginar que, en estas condiciones, el avance era lento, no tan rápido como Jairo lo desearía, pero. . . . en este punto debemos pasar a la sección siguiente.

Cuando la esperanza se tambalea, 25–34

Esta sección de nuestra historia principia con una palabra pequeña pero importante: «Pero . . .» La escena está puesta y todo parece indicar que los acontecimientos se van a desarrollar sin más problemas, pero . . . por principio de cuentas, debido a la multitud que lo sigue y aprieta, Jesús avanza muy lentamente, mientras Jairo sufre sabiendo que cada minuto es importante porque su hija está agonizando. Pero . . . aquí surge un nuevo personaje, y se nos descubren varias cosas que están sucediendo entre bambalinas y que ponen en peligro que el milagro en casa de Jairo se realice.

Una mujer, cuyo nombre no conocemos, está enferma de flujo de sangre. ¿De qué está enferma esta mujer? Tampoco lo sabemos, aunque la mayoría de los eruditos bíblicos piensan que su enfermedad estaba relacionada con la menstruación. Sin embargo, y con cierta ironía, uno de estos eruditos dice que si nos basamos en el texto bíblico, el término usado para la enfermedad podría referirse también a una hemorragia nasal. Sea la que fuera esa enfermedad, hay un detalle que añade un toque de tragedia a nuestra historia y ofrece un aspecto que nos ayuda a comprenderla mejor.

En el pueblo de Israel, en el tiempo de Jesús, se pensaba que la enfermedad era resultado del pecado, lo cual significaba separación de Dios. Además, según la ley (Lv. 15.25-27), mientras tenía flujo de sangre, la mujer era considerada impura, una condición que la obligaba a permanecer recluida en su casa. No se le permitía asistir a la sinagoga ni tener trato social con otras personas. Además, todo lo que ella tocaba se volvía impuro, hasta los muebles de su casa: su silla, su mesa, su cama. Todo aquél que la tocara se volvía impuro de la misma manera y debía cumplir las leyes de la purificación para poder reincorporarse a la vida normal. La mujer de nuestra historia había recibido, prácticamente, una muerte civil durante doce años de su vida.

Aunque no sabemos su nombre, nuestro texto nos dice que la mujer había sufrido mucho; había visitado a muchos médicos y gastado todo su dinero sin ningún provecho. En este punto de su narración, Marcos incluye una frase luminosa: *cuando oyó hablar de Jesús*. La mujer había hecho todo lo posible para librarse de su azote, sin éxito; pero cierto día alguien le habló de Jesús. Ignoramos quién haya sido el evangelista que le llevó las buenas nuevas acerca de Cristo. Es probable que la única información que ella recibió fue que Jesús sanaba. Tal vez este mensajero haya sido testigo de sus milagros de sanidad. Unas cuantas palabras bastaron para dar la noticia: ¡Jesús sana! Ve, búscalo, él te puede curar. La mujer lo hizo y recibió la salud.

Marcos nos dice que esta mujer, buscando su salud, se metió por entre la multitud, arriesgando que alguien la reconociera como inmunda. Con gran valor se acercó por detrás a Jesus y tocó su manto. Otra señal de valor porque, aunque indudablemente al entrar entre la multitud muchos estuvieron en contacto físico con ella, aquí tenemos su acción deliberada de tocar el manto de Jesús, lo que, según la ley, hizo inmundo al Maestro. Todas sus acciones giraban en torno a su fe: «si tocare tan solamente su manto, seré salva». Y su fe tuvo resultados. Cuando tocó el manto de Jesús *«Sintió en el cuerpo que estaba sana»*. Su fe también le indicó que había conseguido lo que buscaba.

Hasta aquí, este milagro de fe ha sucedido entre bambalinas, sin el conocimiento de Jesús. Pero ahora todo sale a luz. Al momento en que la mujer tocó el manto del Señor sanó, pero él sintió que había salido poder de su cuerpo, lo que suscitó una serie de acciones. Primero, el Señor se detuvo y miró a su alrededor para descubrir quién lo había tocado. Sin poderlo descubrir, pregunta: «¿Quién ha tocado mis vestidos?»

Es posible imaginar que, sin saber lo que está aconteciendo, los discípulos sonríen o algunos ríen abiertamente y le contestan: Pero Maestro, mira toda esta multitud que te aprieta y apenas nos deja caminar, y tú preguntas, ¿quién ha tocado mis vestidos? Todos te tocan, ¿por qué preguntas?

Antes de que Jesús pueda contestar, la mujer, otra vez llena de valor, aunque «temiendo y temblando», según nos dice Marcos, se postra ante Jesús y le confiesa lo que ha hecho y cómo ha sido sanada de su enfermedad. Alguien ha dicho que el valor no es la carencia de temor, sino la capacidad de controlarlo. La mujer se arroja a los pies de Cristo y, literalmente, se pone a su merced. Lo que ella temía era que Jesús la denunciara como impura y tuviera que sufrir el castigo por su temeridad al mezclarse entre la multitud y aun atreverse a tocar el manto del Maestro.

Pensemos por un momento en cómo se sentiría Jairo, mientras todo esto está sucediendo. La marcha ha sido muy lenta. Pero ahora, con el incidente de la mujer, Jesús se ha detenido completamente. Podemos imaginar a Jairo refregándose las manos, sin pronunciar palabra, pero diciendo en su corazón: ¡Vámonos, Jesús!, esta mujer puede esperar, pero mi hijita está agonizando, ¡no te detengas! Es el temor de un padre que ha puesto su confianza en Jesús y ve que, aparentemente, poco a poco, sus esperanzas se esfuman. Es en momentos como éstos cuando, en nuestra propia experiencia, sentimos que nuestra fe tambalea.

Al final, el temor de la mujer se transforma en gozo. Esto sucede siempre cuando nos encontramos con Jesús y nos humillamos ante él. En lugar de la palabra de condenación, viene la palabra de perdón. Según la tradición judía, la mujer era pecadora y por eso estaba enferma; como pecadora estaba separada de Dios, era impura y había sido condenada a una muerte civil por sus paisanos. Ahora escucha las palabras de reconciliación de labios de Cristo: «Hija, tu fe te ha hecho salva; vé en paz». Estas son las dos cosas que el pecador recibe al acercarse a Jesús: salvación y paz. La salvación quiere decir reconciliación con Dios; la seguridad de saber que nuestros pecados han sido perdonados, como la mujer supo *en su cuerpo* que su enfermedad había sido curada. Y la paz viene como resultado de nuestra nueva relación con Cristo. Ya no hay temor de acercarnos a él. Ahora hay gozo y felicidad en su compañía. Si anteriormente evitábamos todo contacto con Jesús, ahora procuramos estar en su compañía constantemente, porque descubrimos que no es nuestro enemigo sino nuestro amigo y Salvador. Como dice el hermoso y antiguo himno traducido por Vicente Mendoza:

En el seno de mi alma una dulce quietud
se difunde embargando mi ser,
una calma infinita que solo podrán
los amados de Dios comprender.

Luego dice el coro:

¡Paz! ¡paz! cuán dulce paz,
es aquella que el Padre me da,
yo le ruego que inunde por siempre mi ser,
en sus ondas de amor celestial.

En el camino, 35–37
Nuestra narración llega a su punto culminante. Todo lo anterior ha sido preparación para lo que sucede ahora. Mientras el Señor tiene su encuentro

con la mujer que ha sido curada, llegan mensajeros de la casa de Jairo con noticias acerca de su hija. Marcos nos dice que «mientras él aún hablaba» llegan estos enviados con la triste noticia: «Tu hija ha muerto; ¿para qué molestas más al Maestro?»

El mundo de Jairo parece derrumbarse y podemos oírlo decir en lo profundo de su corazón: ¡Si solamente esta mujer no hubiera aparecido . . . ! Indudablemente Jesús comprende su desolación y puede leer sus pensamientos, porque simplemente le dice, sin prestar atención a las palabras de los mensajeros: «No temas, cree solamente». El Señor sabe lo que ha acontecido y sabe lo que necesita hacer. Hasta ahora ha controlado la situación y lo seguirá haciendo. Ha tenido que lidiar con una niña agonizando y con una mujer enferma. Ahora es la muerte misma la que procura desvirtuar su ministerio, y él está listo a enfrentarse con ella.

Jairo seguramente no comprende lo que pasa, pero sigue a Jesús con la confianza, aunque tambaleante, de que él podrá hacer algo. Ha oído las palabras de los mensajeros de malas nuevas, pero también ha escuchado las palabras alentadoras de Jesús: «Cree solamente». Y lo acompaña a su casa.

Ahora Jesús solamente permite que lo sigan Pedro, Jacobo y Juan. Va a efectuar un acto portentoso que manifestará el poder y la gloria de Dios, y no quiere que esto se mal interprete, ni que se confunda con un acto de magia o un momento de entretenimiento para el pueblo. Para el Señor, ésta es una batalla entre la vida que él ha venido a predicar y la muerte que es oposición a toda forma de vida y a toda manifestación del reino de Dios.

En el patio de la casa de Jairo, 38–40

Cuando Jesús y sus acompañantes llegan a casa de Jairo encuentran un verdadero pandemonio. Las lloronas profesionales están ejerciendo su trabajo, lamentando a voz en cuello la muerte de la hija de Jairo, mientras los músicos tocan la música adecuada a los funerales y una multitud de parientes, familiares, amigos y simplemente curiosos, se amontona en el patio (ver BE Mt. 9.23n).

Esta escena nos muestra que Jairo era una persona acaudalada o que, por lo menos, tenía suficientes recursos. Su casa era grande y tenía un patio en donde se había aglomerado una multitud. Además, al comparar lo que nos dice Mateo, podemos ver que había varios músicos que tocaban flautas, además de las lloronas profesionales. La costumbre indicaba que a la muerte de una persona, si era pobre, debería haber por lo menos dos flautistas y una llorona; pero en casa de Jairo había mucho más que eso, una indicación más de su alta posición social y económica. Marcos describe bien la situación cuando nos dice que se había formado allí un verdadero alboroto.

Cuando Jesús contempla esta escena, si no se llena de ira, por lo menos se impacienta. Las palabras que pronuncia indican inconformidad y disgusto: «¿Por qué alborotáis y lloráis? La niña no está muerta, sino duerme.» Indudablemente, el Maestro tiene que hablar fuerte, con todo el poder de sus pulmones y cuerdas vocales, para ser oído por esa multitud alborotada. Pero al oírlo se burla de él.

Aquí descubrimos dos cosas. Por una parte, la burla ante las palabras de Jesús confirma que la niña estaba realmente muerta y no, como algunos creen, en estado de coma o sufriendo alguna forma de ataque que simulaba la muerte. Los familiares y amigos ya habían hecho los arreglos necesarios para el entierro del cadáver, inclusive la música y las lloronas. Estaban absolutamente convencidos de que ya no se podía hacer nada más. La hija de Jairo había muerto.

Por otra parte, Jesús afirma que la niña no ha muerto, sino que duerme. Esto no quiere decir que Jesús haya sabido que la niña no había muerto realmente, como también afirman algunos. Podemos simplemente comparar estas palabras y la actitud de Jesús con la historia de la resurrección de Lázaro. En esa ocasión también Jesús se demoró en el camino, en ese caso por cuatro días, con el consiguiente disgusto de las hermanas de Lázaro. En el caso de Jairo, era una demora de poco tiempo. En ambos casos el Maestro usó el término «duerme» para referirse a la muerte. No es que quisiera evitar usar la palabra «muerte» o que quisiera ignorarla. Él sabía que para aquél que cree, la muerte es un estado pasajero que culmina con nuestra entrada a las mansiones eternas que él mismo iba a preparar para nosotros.

Jesús ahora toma el mando y la autoridad. Con palabras que nos recuerdan la ocasión en que echó fuera del Templo a los que cambiaban monedas y vendían, echa fuera a todos los que están haciendo alboroto. Al hacer esto, confirma la actitud que asumió en el camino con la primera multitud. Para el que no cree, para los que se burlan, lo que va a suceder les va a parecer únicamente una buena diversión o un acto de magia. Pero Jesús sabe que lo que va a hacer es nada menos que demostrar su poder sobre la muerte y declarar, por medio de un milagro, que el Reino ya está entre nosotros.

En la recámara de la niña, 41–43

Entonces Jesús, tomando a los padres de la niña y a los tres discípulos, entra en la recámara. Lo que sigue es muy sencillo y se narra sin adornos ni actitudes especiales. La realidad es que en los milagros de Jesús no hay magia, sino poder y gracia. El Señor sencillamente entra en el cuarto y va directamente adonde se encuentra la niña. La toma de la mano y le dice, «*Talita cumi*», palabras en arameo que según Marcos quieren decir: «Niña, a ti te digo, levántate». Los comentaristas dicen que estas palabras están cargadas de cariño y deben entenderse como «niñita» o «pequeñita».

Jesús se conmueve al ver la figura de la pequeña, inerte sobre su lecho, como le sucedió también ante la tumba de Lázaro, su amigo. El Señor no está realizando un acto comercial, carente de sentimientos, sino que en este milagro como en todos los que ha efectuado, está poniendo todo su corazón, cargado de amor por los que sufren y necesitan el toque de su mano.

Y el milagro se efectúa. La niña se levanta y principia a caminar, «pues tenía doce años», nos indica Marcos. Y todos se espantan. En medio del gozo, la admiración y el espanto, Jesús continúa actuando como el capitán del barco, con toda autoridad y diligencia. Acto continuo, pide que le den de comer a la niña. Tal vez para algunos esto sea un toque prosaico que Marcos pudiera haber omitido, pero nos demuestra que Jesús no olvida los detalles. La niña, después de una enfermedad probablemente larga, pero en todo caso agobiadora, necesitaba nutrirse, necesitaba comer.

En esta historia aprendemos varias cosas. En primer lugar, Jesús *no pone condiciones* para efectuar los dos milagros de nuestro texto. Su poder y su gracia están disponibles para quien los necesite. Ni a la mujer con flujo de sangre, ni a Jairo, se les exigió una declaración de fe ni una promesa de lealtad a Jesús y a su obra. Simplemente presentaron su necesidad y el Señor los escuchó.

En segundo lugar, Jesús nos ofrece su *presencia constante* a lo largo del camino de la vida. Es hermoso que él estuvo con Jairo cuando su hijita estaba enferma, cuando recibió la triste noticia de su muerte y en el interior de la recámara, en donde su cuerpecito recibió nueva vida y sus padres la recibieron, llenos de alegría.

Finalmente, podemos descubrir en estas historias que no importa la ocasión ni la circunstancia, Jesús siempre toma el mando cuando invocamos su presencia. Esto se descubre no únicamente en esta narración, sino en todo el Nuevo Testamento. Si Jesús está presente, él es el jefe; él toma la responsabilidad de lo que sucederá en el futuro y, bendito sea su nombre, podemos estar seguros de que ese futuro será luminoso y lleno de felicidad.

Para reflexión y estudio

1. Jairo nos muestra la forma de acercarnos a Cristo: con humildad y ruego. Examina cuidadosamente la forma en que oras: ¿Tienes una actitud humilde ante la presencia de Dios? ¿Vas a él en una actitud de ruego o con un espíritu altanero?

2. En nuestro estudio se han mencionado tres palabras importantes: sanar, salvar y vivir. La mujer con flujo de sangre recibió la bendición de ser

sanada, salvada y, creemos, recibió la vida eterna. Reflexiona seriamente sobre tu vida: ¿Qué significan para ti estas palabras?

3. Los milagros que hemos estudiado son milagros incondicionales. Jesús no exigió ninguna actitud especial ni pidió declaración de fe alguna. Simplemente actuó. Su amor suplió todo problema y condición. ¿Tienes alguna necesidad en tu vida? ¿Temes que el Señor no te escuche o atienda? Su amor es incondicional y puedes acercarte a él sin temor. Preséntale tu problema y él hará.

4. Hay un elemento común en los milagros que hemos estudiado: la fe tiene un papel primordial. Aunque tu problema o tu necesidad sea grande, asunto de vida o muerte, Jesús puede operar milagros aun en nuestros días. Pon tu angustia en sus manos, con fe, «y él te concederá las peticiones de tu corazón» (Sal. 37.4).

¡DIOS HA VISITADO A SU PUEBLO!

※ ※ ※

La resurrección del hijo de la viuda de Naín

(Lc. 7.11-17)

El encuentro fue dramático. Dos procesiones numerosas se encontraron en forma intempestiva a las puertas de la ciudad de Naín. Jesús se acercaba a la ciudad, acompañado por sus discípulos y «una gran multitud», según nos dice Lucas. Esta procesión caminaba llena de gozo y, podemos estar seguros, alabando a Jesús por las maravillas que había hecho y que ellos habían presenciado. Era una multitud llena de entusiasmo y *vida.*

Otra procesión salía por las puertas de Naín, formada por un grupo triste y acongojado: era un cortejo fúnebre. Un joven en la plenitud de su vida había muerto, dejando a su madre desamparada y triste. Los que la acompañaban lloraban y se lamentaban junto con ella. En lugar de alabanzas, había lágrimas; en lugar de gozo había tristeza; en lugar de esperanza, había una profunda preocupación por el futuro. Este era un cortejo de *muerte.*

Procuremos reproducir esta procesión en nuestra mente. La viuda sale de su casa caminando sola al frente del féretro. No hay más familiares. Ella camina sola como una escultura de la desolación, de la amargura y del dolor. Camina lentamente por las tortuosas calles de Naín, seguida por las lamentadoras profesionales: aquéllas que, por paga, lloraban en los funerales. A éstas, conforme caminan hacia las afueras de la ciudad, se les van reuniendo los amigos del joven fallecido. Un cuadro desconsolador.

Con este cuadro en nuestras mentes, es interesante considerar que el nombre *Naín,* que se deriva del hebreo *naim,* quiere decir bello, agradable, hermoso. El nombre de la ciudad podría recordarnos que la belleza y la hermosura de la vida siempre retornan cuando Cristo está presente. Cuando nos encontramos con Cristo siempre pasa algo. Su presencia siempre indica acción, algo va a suceder. En el caso de Nicodemo, él tuvo que decidir si nacía de nuevo o no; en el caso de la samaritana, ella encontró nueva vida en Cristo; en el caso del joven rico, aunque Jesús lo amó, se fue triste y se perdió para siempre, porque amó más sus posesiones que la vida que el Maestro le ofrecía.

Ahora debemos preguntarnos: ¿Qué sucedió en este encuentro de las dos procesiones: una de vida, con Jesús al frente, y otra de muerte?

El escenario del drama

Lucas nos indica que el drama se desarrolló a las puertas de Naín, ciudad de Galilea, cercana a Nazaret. Tal vez Jesús conocía la ciudad desde su niñez, porque desde la cumbre de la colina donde se encuentra Nazaret, mirando hacia el sur, se puede distinguir a lo lejos la ciudad de nuestra historia.

En las ciudades antiguas las puertas eran importantes. En la narración leemos que el encuentro tuvo lugar «cerca de la puerta de la ciudad», aunque los arqueólogos nos aseguran que Naín no era una ciudad amurallada. Probablemente lo que se nos quiere decir es que el encuentro tuvo lugar por donde entraban los caminantes en la ciudad, donde se hacía la tertulia de los varones, donde se reunía el pueblo en asamblea, donde se efectuaba el comercio y donde, incluso, se impartía la justicia (Pr. 31.23; especialmente Rut 4.1-12).

Lucas nos dice dos cosas importantes con relación al milagro que consideramos: primero, que el difunto «era hijo único de su madre», y segundo, que ella «era viuda». Es decir, el pueblo lloraba y se lamentaba con la madre porque había perdido a su hijo, su única ayuda y sostén. Segundo, de por sí, el hecho de ser viuda en Israel era un problema. Aunque había ciertas leyes que las protegían, su vida era muy difícil y muchas veces caían en pobreza extrema, como vemos en el caso de la viuda alabada por Jesús que depositó todo lo que tenía como ofrenda: dos blancas (Mr. 12.41-44).

El milagro

El milagro que consideramos es un verdadero drama. Las dos procesiones se encuentran y cuando el Señor ve la figura solitaria de la viuda al frente del cortejo, comprende la profundidad de la tragedia que se le presenta, «y cuando el Señor la vio, se compadeció de ella». Aquí nos encontramos con dos expresiones importantes. La primera, «el Señor», es usada en una forma perfectamente adecuada. Hay alguna discusión sobre la aplicación de este título a Jesús. Algunos comentaristas piensan que este título empezó a usarse en la época apostólica y que se encuentra en el Evangelio de Lucas debido a que aparecía en las fuentes de información que usó para escribirlo. La verdad es que, si hacemos a un lado estas consideraciones que pudieran ser importantes en otro tipo de estudio, aquí podemos afirmar que Jesús actúa en verdad como «el Señor». Nuestro Señor Jesucristo es el Señor de la vida y el Señor de la muerte. Aquí podemos ver un anticipo de la declaración categórica que él haría al ir a sentarse en la gloria con su Padre: «Toda potestad me es dada en los cielos y en la tierra».

La segunda expresión «se compadeció de ella» también es importante. La traducción que tenemos en español no nos indica la profundidad de la compasión de Jesús. La palabra griega indica la compasión más profunda posible, y así fue la compasión que Jesús sintió por la viuda de Naín.

El Jesús que nos presenta Lucas en su evangelio muestra una preferencia especial por la mujer y por los que sufren. En este incidente, estas dos características se nos presentan fúlgidamente. Sin embargo, debemos comprender que el amor de Cristo es universal y eterno. Él nos ama ahora con la misma intensidad con que amó a la viuda a las puertas de Naín.

La expresión que usó Jesús para mostrar su compasión a la viuda fue muy simple: «no llores». Estas palabras no significan que el Maestro reprende a la mujer por dar expresión a su dolor sino que, al contrario, le está dando ánimo, como si le dijera: Espera, algo va a suceder. Recordemos que cuando nos encontramos con Cristo siempre pasa algo.

Culminación del drama

En la escena que sigue, el Señor cumple la misión que su Padre le ha encomendado al actuar en una forma dinámica y decisiva. Por otra parte, descubrimos algunos elementos simbólicos en la forma en que Lucas nos narra la historia. Veamos la culminación del drama.

El evangelista nos dice que el Maestro, después de consolar a la viuda, «se acercó y tocó la camilla» (VP). La primera expresión es hermosa y consoladora: «se acercó». El Señor, lleno de compasión por la viuda que sufre la pérdida de su único hijo, le ha ofrecido consuelo. Ahora se acerca a ella en su momento de necesidad. La multitud ha quedado atrás. Los discípulos tampoco lo acompañan. Jesús, solo, se acerca a la que sufre.

Jesús actúa como el padre que se acerca al hijo que ha caído y lo ayuda a levantarse, o como el que se acerca a su hijo y lo abraza en momentos de prueba, cuando parece que todo sale mal. En otras palabras, Jesús cumple plenamente su papel del Buen Pastor que busca a la oveja herida o enferma y que, al encontrarla, la pone amorosamente sobre sus hombros y la lleva al redil.

Pero el evangelista nos dice algo más: que el Señor se acercó «y tocó la camilla». Preferimos usar la Versión Popular de la Biblia en este pasaje porque usa la palabra «camilla» y no «féretro» como hacen otras versiones. La palabra féretro sugiere la idea de ataúd, cosa que no se usaba en el oriente en los tiempos de Jesús. Lo que podemos imaginar es que cuatro de los amigos del difunto lo llevaban en hombros en una camilla o andas, envuelto en los lienzos mortuorios, como era la costumbre en esos días.

Cuando Jesús tocó la camilla, el cortejo se detuvo. Ahora el Señor toma las cosas en su mano en una forma inusitada: haciéndose inmundo. Según la ley judaica, todo aquél que tocara un cadáver, sus ropas o cualquier cosa que estuviera en contacto con él se hacía inmundo. Es decir, no podía participar de los servicios religiosos o de la vida social hasta que cumpliera los ritos de purificación establecidos por ley.

Es hermoso y conmovedor reconocer que Jesús no necesitaba tocar la camilla para efectuar el milagro. Él tenía poder para resucitar al joven a la distancia, ¡pero nuestro bendito Maestro y Salvador tocó la camilla! ¡Se hizo inmundo! Aquí vemos lo que podemos llamar el simbolismo de las acciones de Jesús en este milagro. Lo que sucede a las puertas de Naín es lo que sucedió en el pesebre de Belén: Dios se hizo hombre y vino a morar entre nosotros. Cristo, el Hijo, dejando su santidad perfecta al lado del Padre, se hizo carne humana y sangre humana. Ahora podemos ver en este milagro que Jesús no sólo era hombre como nosotros, sino que, además, se hizo inmundo como nosotros, se identificó plenamente con nosotros, de manera que ahora podemos comprender el significado de uno de los nombres de Jesús: Emanuel, *Dios con nosotros* (Mt. 1.23; Jn. 1.1-3, 14; Fil. 2.5-11).

La culminación del pasaje la tenemos en las palabras de Jesús: «Joven, a ti te digo, levántate». Estas palabras fueron pronunciadas con toda autoridad y, fuera de toda duda, fuertemente, de manera que todos pudieran escucharlas. Son palabras que declaran guerra a la muerte y con ellas nuestro Redentor la derrotó frente a una gran multitud.

Lucas nos dice que acto continuo el joven se sentó. Al describir esta acción, el evangelista nos descubre su profesión de médico. La palabra que en nuestro pasaje se traduce como «sentarse» es, en el griego original, una palabra técnica que se usa para describir la acción de los enfermos al sentarse en sus camas. Parece que Lucas, al usar este término científico, quiere asegurarnos que las cosas sucedieron así como él las narra.

Inmediatamente, el joven habló, demostrando que realmente había vuelto a la vida, y entonces el Señor Jesús hizo algo que revela la ternura de su corazón: «lo dio a su madre». Podemos imaginar al joven de pie, al Señor tomándolo de la mano y guiándolo amorosa pero firmemente a su madre y, sin decir palabra, poniendo la mano del hijo sobre la de la madre. Jesús no hace las cosas a medias. Él sabía que la principal angustia de la viuda era la pérdida de su hijo, pero también sabía que el hijo era sostén y baluarte de la viuda en su lucha por la vida y que ella lo necesitaba para poder vivir, aunque fuese en medio de pobrezas y dificultades.

Recordemos que una multitud ha contemplado el milagro. Lucas nos explica que la reacción de los que presenciaron la escena fue de *temor*, pero este no es el temor que resulta de una amenaza de muerte o de un peligro inesperado, sino el temor que puede ser también el resultado de nuestra reacción ante la manifestación divina en todo su poder y gloria. Un buen ejemplo lo tenemos en la historia del pueblo de Israel ante el Sinaí, cuando Dios entregó los Diez Mandamientos a Moisés. Nos dice el autor sagrado que el pueblo se estremeció ante los estruendos, los relámpagos y el temblor que indicaban la presencia divina en el monte (Ex. 19.16). Otro ejemplo clásico lo encontramos en Isaías 6: el llamamiento de Isaías. El profeta mismo nos da a conocer sus sentimientos cuando Dios se le manifiesta en el templo: la gloria de Dios lo sobrecoge y lo llena de espanto. La conciencia de su pecado y pequeñez ante la grandeza, poder y santidad de Dios, lo hace exclamar, lleno de temor: «¡Ay de mí! que soy muerto» (Is. 6.5).

En estos casos, puede descubrirse fácilmente que el temor que se manifiesta no es el temor ante un peligro o amenaza de la vida humana, como el temor del pueblo de Israel ante la amenaza del gigante Goliat, sino la conciencia de nuestra insignificancia y nuestro pecado ante la grandeza y santidad de Dios. En la historia de la viuda de Naín, podemos decir que la reacción de la multitud ante el milagro de Jesús fue más reverencia que temor, y que esta reacción del pueblo puede describirse más bien como un *temor reverente*. En lugar de huir despavorida y llena de miedo, la multitud empezó a alabar y a glorificar a Dios. Esta no es una reacción producida por el miedo, sino un impulso inspirado por la seguridad de que estamos ante la presencia de una manifestación divina.

Algunos estudiantes de la Biblia argumentan sobre si las alabanzas eran pronunciadas en forma de antífona o si la multitud que acompañaba a Jesús usaba una exclamación mientras que el grupo que seguía a la viuda usaba la otra. Esa discusión es irrelevante. La realidad es que el pueblo exclamó, lleno de gozo: «¡Un gran profeta se ha levantado entre nosotros!» y «¡Dios ha visitado a su pueblo!»

La primera exclamación nos hace pensar en los milagros efectuados por Elías al resucitar al hijo de la viuda de Sarepta y por Eliseo al resucitar al hijo de la Sunamita. Según la narración de Lucas, al entregar el hijo a su madre, Jesús usa literalmente las mismas palabras que usó Elías (1 R. 17.23) y semejantes a las que usó Eliseo (2 R. 4.36).

La otra exclamación: «¡Dios ha visitado a su pueblo!» la podemos tomar como una declaración de fe. El pueblo se ha convencido de que en verdad Jesús cumple las profecías y lo acepta como el Mesías prometido. Nosotros, como cristianos en la era presente, podemos afirmar con mayor fuerza que Dios mismo ha visitado a su pueblo. Nosotros hacemos esta declaración desde éste lado de la cruz y después de la resurrección. Dios ha visitado a su pueblo en la persona de Cristo; con estas palabras el pueblo se declara abiertamente la fe en que Dios ha encarnado en Cristo. Simplemente se podría haber exclamado ¡Emanuel! ¡Emanuel!, ¡Dios con nosotros! ¡Dios con nosotros! y se hubiera declarado la misma fe.

El último versículo del pasaje presenta un desafío para cada uno de los que se llaman discípulos de Jesús. Lucas indica que la fama de Jesús se extendió «por toda Judea y por toda la región de alrededor», lo que simplemente quiere decir por todas partes, por toda Palestina. Estas palabras nos hacen pensar que hubo muchos mensajeros que llevaron por toda la región las noticias de lo que pasó a las puertas de Naín. Los que vivían en la ciudad lo proclamaron por los alrededores de la ciudad; la multitud que seguía a Jesús llevó el mensaje a su lugar de origen; o sea, todos se fueron de aquel lugar proclamando: ¡Dios ha visitado a su pueblo!

Reflexiones finales

Cuando nos encontramos con Cristo, algo pasa. En el camino a la entrada de Naín realmente sucedieron dos cosas: por una parte, el portentoso milagro de la resurrección del hijo de la viuda; por otra, muchos se convirtieron en proclamadores de las buenas nuevas de que Dios se había manifestado en la persona de Cristo.

Hay algo peculiar en lo que sucedió en Naín. Si examinamos el pasaje cuidadosamente, notaremos algo peculiar: el único que habla es Jesús. Se nos dice que el joven resucitado también habló, pero no se indica lo que dijo, así que podemos decir que sus palabras pueden compararse con el llanto de la viuda, su madre, o con las exclamaciones de gozo y alabanza de la multitud. En cambio, las palabras del Maestro denotan firmeza y autoridad. El sabía lo que iba a hacer y los que lo rodeaban presintieron que algo iba a suceder.

En esta narración, interesante desde varios puntos de vista, Lucas nos indica que Jesús es el Señor, que es Él quien dirige la historia del mundo y la vida de los individuos en particular. Esto parece confirmarse con otro detalle notable de la ejecución de este milagro: es efectuado sin condiciones. En otras ocasiones Jesús exige la fe o pide que la persona que va a recibir la bendición del milagro exprese su necesidad; en este caso la viuda no emite ni una sola palabra, los amigos que llevan la camilla permanecen en silencio y solamente Jesús pronuncia la palabra vital: «¡levántate!» ¡Jesús es el Señor!

Para reflexión y estudio

1. La forma en que Jesús trató a la viuda fue revolucionaria en su tiempo. ¿Puedes pensar en cómo debemos mejorar el trato a la mujer en nuestros días: en el hogar, en el trabajo, en la sociedad, en la iglesia?

2. ¿Puedes pensar en alguna experiencia en tu vida en la que el *temor reverente* te ha inundado? ¿En la iglesia, en el campo, en tus devociones personales?

3. ¿Estás dispuesto, como la multitud que contempló el milagro, a testificar de lo que Jesús ha hecho en tu vida?

4. La viuda de Naín recibió el amor y la compasión de Jesús en el momento de su mayor necesidad. Si tienes algún problema, si estás experimentando dolor y tristeza, recuerda que Jesús, ahora mismo, quiere encontrarse contigo. Simplemente ábrele tu corazón y él te consolará y te mostrará un nuevo camino. Recuerda: cuando nos encontramos con Cristo, algo pasa.

CUANDO JESÚS LLORÓ

❊ ❊ ❊

La resurrección de Lázaro

Jn. 11.1-44

Este milagro es la culminación de todos los milagros de Jesús. Sin embargo, lo encontramos únicamente en el Evangelio de Juan. En esta «señal», como llama a los milagros el cuarto evangelista, se descubren algunos elementos que lo colocan en la cúspide de las manifestaciones del poder de Jesús y, como podremos ver más adelante, nos encamina a su pasión y muerte.

En el relato de este milagro encontramos la declaración contundente de que Jesús *es* la Vida, así con mayúscula, porque el Señor se refiere a la vida que va más allá de los confines del tiempo y del espacio. Aquí también tenemos la prueba de la humanidad del Maestro. Jesús se conmovió profundamente y finalmente lloró, como cualquiera de nosotros, ante la partida de un ser querido o cuando los problemas de la vida nos agobian.

Esta historia nos recuerda lo que el Nuevo Testamento nos dice en varias formas: que Jesús es Señor del tiempo y de la historia; es decir, que él controla todo lo que sucede en el tiempo y en la vida y, también, que él es uno de nosotros, que sufre y llora. Al estudiar este milagro, veremos este hecho demostrado en una forma deliberada y dramática. Vayamos, pues, a las páginas del Evangelio de Juan.

Preparando el tinglado, 1–6

Estos versículos nos dan algunos elementos que son esenciales para comprender la historia que Juan nos narra en este pasaje. Por principio de cuentas, se nos dice que un hombre llamado Lázaro se encuentra enfermo. Es interesante notar que este nombre es la forma griega del hebreo *Eleazar* que significa *Dios es mi ayuda*. En el Nuevo Testamento encontramos este nombre únicamente aquí y en la parábola del rico y Lázaro. Desde cualquier punto de vista este significado es hermoso, pero especialmente si lo consideramos en relación con nuestra historia. Lázaro es el centro de acción y, como tal, recibe la ayuda de Cristo en una forma maravillosa. Pero sus hermanas también reciben el beneficio de la presencia del Hijo de Dios en su hogar: el retorno a la vida del hermano querido y una nueva perspectiva de la vida.

La familia vivía en Betania, una población a unos tres kilómetros al oriente de Jerusalén. Para Jesús este hogar era un lugar de refugio y remanso de paz en medio de las luchas y exigencias de su ministerio. De los tres personajes, la que conocemos mejor es María, porque en el versículo 2 se nos dice que ella fue la que ungió al Señor con perfume y le enjugó los pies con sus cabellos. Tal escena se nos narra en el capítulo que sigue. Aunque a nosotros nos parezca un tanto raro esta aparente falta de orden en la narración, cuando se menciona una acción que todavía no se ha realizado, puede haber una explicación. Algunos estudiosos de la Biblia nos dicen que posiblemente se deba a que Juan visitaba las iglesias aún antes de escribir su evangelio y a que el incidente de María ungiendo a Jesús indudablemente era una parte importante de sus narraciones. Esto quiere decir que las iglesias ya conocían la historia, de modo que cuando Juan escribió su evangelio, esta simple referencia recordaba en la mente de sus lectores algo que ellos habían escuchado anteriormente de sus labios.¡

De Lázaro no sabemos más que lo que se nos dice en este pasaje. De Marta y María tenemos otra referencia en Lc. 10. 38-42. Sin embargo, por la simple narración de la historia nos damos cuenta de que era una familia unida cuyos miembros se amaban entrañablemente. Aparentemente, sus padres ya habían muerto y todos eran solteros, lo que nos hace pensar que los tres eran jóvenes.

La primera indicación de los lazos de amor que unían a esta familia con Jesús la encontramos en la forma del recado que las hermanas enviaron a Jesús: «Señor, he aquí el que amas está enfermo» (Jn.11.3). La respuesta es un tanto desconcertante: «Esta enfermedad no es para muerte, sino para la gloria de Dios, para que el Hijo de Dios sea glorificado por ella» (Jn. 11.4). Y todavía es más sorprendente que Jesús, después de recibir la noticia, se quedó dos días más en el lugar en donde estaba (Jn. 11.6). Su explicación a los discípulos no indica falta de amor hacia Lázaro. No está diciendo que no le importa que su amigo esté enfermo. Lo que está indicando es que, como en todas las cosas, Dios tiene un propósito escondido que será evidente en el momento oportuno para los que tengan *ojos para ver y oídos para oír* (Mr. 8.18; Hch. 28.26-27; Cf. Is. 6.9-10).

Con esta actitud el Señor nos enseña una lección importante: Dios nunca anda a la carrera y siempre hace las cosas a tiempo. Nosotros nos desesperamos, queremos correr constantemente, y pensamos que mientras más corramos más cosas haremos. Posiblemente sea cierto, pero eso no quiere decir que las vamos a hacer bien. El libro del Eclesiastés declara que Dios «todo lo hizo hermoso en su tiempo» (Ec. 3.11) y continúa haciéndolo hasta el día de hoy. En el Nuevo Testamento encontramos algunos pasajes que nos indican que Jesús sabía el futuro que le esperaba, pero no corría hacia él descuidadamente. Por eso encontramos en sus labios expresiones como: «Mi tiempo está cerca» (Mt. 26.18); «Mi tiempo aún no ha llegado» (Jn. 7.6); o, como Lucas nos explica: «Cuando se cumplió el tiempo en que él había de ser recibido arriba, afirmó su rostro para ir a Jerusalén» (Lc. 9.51). Ni antes ni después, sino en el momento indicado. Alguien ha dicho que «las obras de Jesús tienen su propia hora». El apóstol Pablo captó esta idea perfectamente, refiriéndose al nacimiento de Jesús en una forma hermosa y contundente: «cuando vino el cumplimiento del tiempo, Dios envió a su Hijo» (Gá. 4.4). En verdad, Dios controla la historia y todo lo hace hermoso *a su tiempo*.

Al recibir el anuncio de la enfermedad de Lázaro, Jesús y sus discípulos se encontraban en Perea, al oriente del Jordán (Jn. 10.40), donde habían permanecido por algún tiempo. Es interesante considerar que ese es el mismo lugar en que Juan el Bautista bautizaba durante su ministerio, por lo que no es de sorprender que el pueblo haga una referencia a las palabras de Juan, diciendo: «Juan, a la verdad, ninguna señal hizo; pero todo lo que Juan dijo de éste, era verdad» (Jn. 10.41). El capítulo diez concluye con la declaración de que muchos creyeron en el Señor en ese lugar.

Muerte de Lázaro, 7–16

Podríamos decir que la decisión de Jesús de ir a Judea se tomó en «el cumplimiento de los tiempos», recordando las palabras de Pablo referentes al nacimiento de Jesús. Aunque sabe perfectamente bien que «ir a Judea» equivale a enfrentarse con la cruz, Jesús está dispuesto a regresar. Notemos que el Señor dice «Judea» y no «Betania», que es el lugar al que se dirige. Parece que el evangelista Juan desea contrastar Perea con Jerusalén. Perea, lejos del centro de la fe judaica, había recibido el evangelio de Jesús con fe y entusiasmo; Jerusalén, centro del judaísmo, lo había rechazado, y en esa última ciudad encontraría su cruz. Lo crítico del momento se hace más evidente con la reacción de los discípulos que le recuerdan a Jesús que están en Perea precisamente porque en Judea los judíos querían apedrearlo. No sorprende la exclamación: «¡Otra vez quieres ir allá?!» (Jn. 11.8 VP).

Esta reacción de los discípulos provoca una serie de importantes y hermosas enseñanzas del Maestro. En primer lugar, su respuesta parece no tener ninguna relación con lo que los discípulos han dicho; sin embargo, en el fondo hay una gran relación. Su respuesta es una pregunta: «¿No tiene el día doce horas?» (Jn. 11.9) Un comentarista nos ayuda a descubrir el pensamiento del Maestro. Recordemos que acaba de anunciar, aunque en una forma tan velada que los discípulos no lo han podido comprender, que va a Judea a morir en la cruz. Ahora les recuerda que el día tiene doce horas y que no puede concluir ni antes ni después de cumplir su tiempo; no se le pueden añadir ni quitar minutos. Además, en un día hay tiempo para hacer muchas cosas, se pueden cumplir muchos proyectos, es decir, un día nos ofrece la oportunidad de concluir un cúmulo de tareas. Pero, y es un pero muy importante, contamos únicamente con doce horas y no debemos desperdiciarlas. El Señor está hablando de su pasión y muerte y sabe que debe cumplir su misión, porque ya ha llegado la hora.

Lucas nos presenta este concepto en una forma muy clara: «Cuando *se cumplió el tiempo* en que él había de ser recibido arriba, *afirmó su rostro para ir a Jerusalén*» (Lc. 9.51). El cumplimiento del tiempo, valor para enfrentarse a la cruz. Esto hay que realizarlo en el tiempo asignado por el Padre.

Jesús continúa hablando sobre la noche y el día, diciendo que el que camina de día no tropieza, porque la luz lo ilumina, pero el que anda de noche tropieza, porque no hay luz. Juan nos presenta al Señor como la luz (3.19; 8.12; 9.5; 12.35,46) en oposición a la noche que simboliza el pecado, y exhorta a sus discípulos a trabajar en tanto que dure el día, porque durante la noche nadie puede trabajar. Durante la última cena del Señor con sus discípulos, cuando Judas ha decidido entregar a su Maestro, el evangelista nos dice que el traidor tomó el bocado que le ofreció Jesús y salió a cumplir su nefasta misión, concluyendo en una forma dramática: «y era ya de noche» (Jn. 13.30). Luz quiere decir vida, salvación, la vida que se vive en y con Cristo; noche es pecado y juicio. Por esta razón, cuando llega la noche nadie puede obrar; el tiempo de gracia ha pasado; el día ha concluido. Judas, con su traición, entró en la noche que no tiene fin. El evangelio de Juan es el evangelio del amor, pero también es el evangelio del juicio. Como alguien ha dicho, la gracia de Cristo no es cosa barata.

Después de preguntar a sus discípulos: «¿No tiene el día doce horas?» (Jn. 11.9), el Señor hizo otra afirmación que tampoco comprendieron. En una forma calmada, que demuestra su seguridad en lo que está haciendo, dice sencillamente: «Nuestro amigo Lázaro duerme; mas voy para despertarle» (Jn. 11.11). Los discípulos contestaron de la misma manera como contestamos nosotros muchas veces cuando llegamos al hospital o al hogar de una persona enferma y se nos dice que está dormida. Nos da gusto y hasta pedimos que no se la despierte porque es una buena señal: Se recuperará. Los discípulos pensaron de la misma manera y dijeron: «si duerme, sanará». El evangelista nos explica que Jesús está hablando de la muerte de Lázaro y no del reposar del sueño. Finalmente, el Maestro tiene que decir clara y abiertamente: «Lázaro ha muerto».

¡Me Ha Tocado!

Para comprender mejor por qué Jesús dijo «duerme», al referirse a la muerte, cabe mencionar que la palabra «cementerio» viene de un término griego que significa *lugar para dormir*. La idea escondida en este término es importante para el cristiano, pues encierra una de las afirmaciones fundamentales de nuestra fe: La muerte no es el final de nuestra existencia sino el principio de nuestra vida glorificada y eterna con Cristo. No morimos como si hubiéramos llegado al final de la carrera de la vida, sino que dormimos para despertar con Cristo, como nos enseña Pablo (1 Co. 15.51-58).

Peter Marshall nos narra la experiencia de una madre con su pequeño hijo. El niño, atacado por una enfermedad incurable, estaba preocupado con el concepto de la muerte y no podía comprender la idea de la vida eterna. Su madre le explicó que la muerte es como cuando él, algunas veces, se quedaba dormido en la sala después de haber jugado o leído sus libros. «Entonces tu papá», le dijo tiernamente, «te toma en sus brazos amorosamente, te lleva a tu cuarto, te acuesta en tu cama y te pone tu piyama. Cuando despiertas al día siguiente estás asombrado y no recuerdas lo que pasó, pero estás en un lugar diferente al que te encontrabas». Así es la muerte. Dormimos en algún lugar aquí en la tierra y despertamos en otro con el Señor, con diferentes vestidos y con cuerpos glorificados. Esta es nuestra fe. (ver Mt. 9.24; Jn. 11.11; Hch. 7.60; 1 Co. 11.30; 15.20, 51; 1 Ts. 4.13,14).

Ahora nos encontramos con una declaración interesante en labios de Jesús. Habiendo declarado que Lázaro ha muerto, dice a sus discípulos: «Me alegro por vosotros, de no haber estado allí, para que creáis» (Jn. 11.15). Por una parte, aquí encontramos otra prueba de que el Señor tiene todo bajo control. Sabe lo que tiene que hacer y sabe que tiene el poder para hacerlo. Por otra parte, también se nos declara que el milagro que se va a realizar tiene un doble propósito: mostrar la gloria de Dios y que el pueblo crea.

Esta parte de nuestro estudio concluye con una escena, un tanto arrebatada, en la que Tomás arenga a los otros discípulos a ir con Jesús. Les dice: «¡Vamos también nosotros, para que muramos con él!» (Jn. 11.16). La fe de este discípulo es un tanto violenta, tal vez desesperada, porque es el mismo Tomás que después de la resurrección del Señor todavía tiene dudas. Es el mismo que dice: «Si no viere en sus manos la señal de los clavos, y metiere mi dedo en el lugar de los clavos, y metiere mi mano en su costado, no creeré» (Jn. 20.25).

La fe de Tomás era vacilante y a veces impetuosa porque no tenía fundamento firme. Tuvo que venir el Espíritu Santo el día de Pentecostés para que su corazón y el de todos los discípulos cambiara y se llenara de una fe triunfante. La tradición dice que Tomás fue un misionero incansable y que llevó el evangelio hasta la India, donde existe una iglesia que lleva su nombre: «la Iglesia de Mar Toma», la Iglesia de Santo Tomás.

Jesús, la resurrección y la vida, 17-27.

La expresión «Vino pues» (Jn. 11.17) puede interpretarse como que Jesús esperó hasta que llegara la «hora» para ir a Betania. Todo lo hace sin apuros, con una completa seguridad de que está haciendo la voluntad de su Padre. Podemos pensar también que había llegado la hora en que el que estaba en la tumba oyera su voz (Jn. 2.4;7.6; 5.28-29). Al llegar al hogar de Marta y María descubrió que ya hacía cuatro días que Lázaro había muerto. Esto requiere un poco de explicación.

Para llegar a Betania, que estaba a las puertas de Jerusalén, desde el lugar en donde se encontraba Jesús, se requería un día de camino. Esto nos aclara todavía más la afirmación del Señor: «Lázaro ha muerto» (Jn. 11.14). Si contamos los cuatro días a partir de la salida de los mensajeros que llevaron la noticia de la enfermedad de Lázaro a Jesús, tenemos que ellos tomaron un día de camino, Jesús permaneció en el mismo lugar otros dos días y caminó otro día para llegar a Betania, lo que nos da cuatro días. Esto indicaría que Lázaro murió casi inmediatamente después de la salida de los mensajeros.

Cuando Jesús y sus discípulos llegaron a Betania, encontraron la casa llena de los amigos de Marta y María que habían venido a consolarlas y a llorar con ellas. La cercanía de Betania a Jerusalén hacía posible que muchos de los amigos de la familia vinieran de esa ciudad a presentar su condolencia a las hermanas de Lázaro. El acompañar a las personas en su dolor cuando alguien de la familia fallecía era un acto que tenía una gran importancia en el pueblo judío. El llanto y el clamor iban en aumento conforme pasaban los días, con su culminación en el tercero. Según enseñaban los rabinos, por tres días el alma del muerto se cernía sobre el cuerpo, procurando regresar a él, pero el cuarto se alejaba definitivamente. Cuando el cuerpo empezaba a descomponerse la muerte era irrevocable.

El versículo 20 nos hace pensar en el pasaje en Lc. 10.38-42, donde se describe una escena en el hogar de Betania. Esta referencia y la que vamos a considerar ahora son las únicas que se hacen en los evangelios al hogar de Marta, María y Lázaro. En ambas se nos presenta a Marta como la líder dinámica que toma decisiones. María es pasiva, calmada, dada a la meditación y a la reflexión.

En nuestro pasaje, cuando Marta oye que Jesús está cerca, sale (casi podríamos añadir: corriendo) a encontrarlo, mientras María se queda en casa. Al encontrarse con Jesús, Marta hace una declaración importante: «Señor, si hubieses estado aquí, mi hermano no habría muerto. Mas también sé ahora que todo lo que pidas a Dios, Dios te lo dará» (Jn. 11.21-22).

La primera parte de esta declaración tiene algo de reproche, pero es una declaración de la fe que hay en el corazón de Marta. Ella sabe que el Señor las ama y que también amaba a Lázaro y que, si hubiera estado con ellas, lo hubiera sanado de su enfermedad, como había sanado a muchos otros.

La segunda parte de la declaración es una confesión de fe, aunque le falta la comprensión completa de la persona de Cristo y su evangelio. También encontramos una velada petición de que Jesús intervenga, y que resucite a Lázaro. Cuando ella afirma «sé ahora que todo lo que pidas a Dios, Dios te lo dará», está declarando su fe incipiente en la persona de Cristo. No sabe exactamente la relación que existe entre el Padre y el Hijo y no comprende cabalmente la misión de Cristo en el mundo. El evangelio no está claro en su mente, pero ella sabe que hay una relación fundamental y decisiva entre el Dios que ella conoce y el Jesús a quien llama su amigo. Dios concede a Jesús todo lo que le pide. Veladamente, Marta le sugiere que use su poder para traer a Lázaro de nuevo a la vida.

Esta es la razón por la cual Jesús responde: «Tu hermano resucitará»; lo que provoca la declaración de Marta: «Yo sé que resucitará en la resurrección, en el día postrero» (Jn. 11.24). Esta era la fe del pueblo judío en el tiempo de nuestro Señor Jesucristo. Los fariseos, al contrario de los saduceos, enseñaban que los muertos resucitarían al final de los tiempos, por lo que Marta naturalmente creía que Jesús se refería a esa resurrección.

Gracias a Dios por el valor y la honestidad de Marta. Declara su fe que, aunque incompleta y carente de las bases que Jesús iba a poner, era firme y sincera. Su testimonio hace que Jesús haga su fúlgida declaración, que es parte esencial de la fe cristiana y el corazón mismo de su evangelio. «Yo soy la resurrección y la vida; el que cree en mí, aunque esté muerto vivirá. Y todo aquel que vive y cree en mí, no morirá eternamente» (Jn. 11.25–6).

Al afirmar Cristo que él es la resurrección y la vida, está poniendo uno de los fundamentos de la fe cristiana en terreno firme. Ya anteriormente, como hemos visto, ha afirmado la resurrección de los muertos y aun ha declarado que él llamará a los muertos de sus tumbas y resucitarán; pero ahora afirma que él mismo es la resurrección y que él mismo es la vida. El resto de la declaración de Jesús a Marta es una promesa gloriosa: «Y todo aquel que vive y cree en mí, no morirá eternamente» (Jn. 11.25–6).

El diálogo de Jesús con Marta concluye con una pregunta que debe penetrar hasta lo más profundo del espíritu de Marta: «¿Crees esto?» Ha llegado el momento de la confrontación directa. Ya no es asunto de aceptar algo porque nos parece interesante, porque nos inclinamos a aceptarlo o porque es popular entre nuestros amigos. El Señor está preguntando a Marta en una forma absolutamente directa y personal, como si dijera: ¿Marta, crees tú verdadera y personalmente lo que te he dicho?

Ya no es asunto de *estar de acuerdo* con la opinión general de los judíos sobre la resurrección. Ahora Marta debe decidir si cree en Jesús, a quien conoce como su amigo, como el autor y dador de la Vida, la vida eterna. La respuesta está llena de fe: «Yo he creído». Podemos deducir de estas palabras que Marta ya había decidido desde hacía algún tiempo que Jesús tenía una relación especial con Dios. Notemos que en su primer encuentro no lo llama simplemente Jesús, sino «Señor» (V. 21). Ahora lo llama de la misma manera, pero añade las palabras que testifican de su fe: «Tú eres el *Cristo*, el *Hijo de Dios*, que *has venido al mundo.*»

Marta está afirmando esencialmente lo que la Iglesia declarará en una forma teológica y elaborada en los siglos venideros: que Jesús es el *Cristo*, es decir, el Enviado, el Ungido de Dios, el Mesías esperado por Israel, el *Hijo de Dios*. Marta está dispuesta a aceptar que Dios y Jesús tienen una relación de Padre a Hijo, lo que equivale a decir que Jesús es Dios. La frase *que has venido al mundo* es una declaración de fe en la encarnación, declaración capital de la Iglesia que surgiría en el futuro.

Cuando Jesús lloró, 28-37.

En el versículo 28, después del diálogo con Jesús, ya encontramos a Marta en su casa dándole a María el recado de Jesús: «El Maestro está aquí y te llama». Este mensaje es interesante y tiene implicaciones teológicas si lo consideramos en el griego en que fue originalmente escrito. *Parousía*, en griego, quiere decir «venir, llegar, estar presente», y actualmente se usa como una palabra técnica en la teología para designar la segunda venida, el tiempo cuando el Señor vendrá en su gloria al final de los tiempos para establecer su Reino definitivamente.

El recado de Marta expresa la forma verbal de la palabra griega *parousía*. Esto nos indica que, con sus palabras, Juan establece una de las verdades fundamentales que trata de expresar en su evangelio: la *parousía*, el final de los tiempos, que el establecimiento del Reino ya principió en la persona de Cristo. Es decir, en Cristo el futuro se ha hecho presente. Dios ha iniciado la consumación de los tiempos en el Verbo hecho carne que ha venido a morar entre nosotros (Jn. 1.14).

Aquí se podría añadir algo más: Cuando el Señor está presente siempre hay resultados, algo pasa. En este caso el mensaje es: «Te llama». Este recado de Marta a María, en un sentido, es el mensaje que todos recibimos cuando estamos en la presencia de Dios, ya sea en el templo (Is.1.8), tras el arado (Am.

7.15), o en el desierto (Ex. 3.10). El Señor nos llama a su servicio con toda autoridad. Está aquí y tiene toda la autoridad del Padre (Mt. 28.18-20).

María se levantó inmediatamente y fue a encontrarse con Jesús, quien estaba todavía en el mismo lugar en que Marta lo había dejado. Jesús no tiene prisa. Él sabe que tiene todo bajo control. Algunos de los judíos presentes, pensando que María iba a llorar al sepulcro, la siguieron para acompañarla en su dolor. Como era de esperarse, iban llorando. Cuando llegaron a donde estaba Jesús, María vio al Señor y «se postró a sus pies» (Jn. 11.32).

En esta actitud de adoración, María pronuncia exactamente las mismas palabras que Marta, lo que no debe sorprendernos. Podemos imaginar fácilmente que las dos hermanas habían platicado mucho sobre la muerte de su hermano y de lo que hubiera pasado si Jesús hubiera estado presente. Ambas habían repetido muchas veces: Si Jesús hubiera estado aquí . . . Como en el caso de Marta, no debemos encontrar un reproche en las palabras de María, sino la fe escondida de que Jesús todavía podía hacer algo, aunque Lázaro ya había muerto.

La escena que el evangelista nos narra a continuación es sumamente patética. Al ver a María y sus amigos llorar, el Señor se conmueve profundamente . . . y llora. Con las simples palabras «Jesús lloró», el evangelista Juan nos muestra la humanidad de Jesús en toda su grandiosidad y belleza. Jesús se identifica plenamente con el dolor humano y muestra su pena como cualquier humano lo hubiera hecho: llorando. Podemos estar seguros de que él nos acompaña en nuestras pruebas y tribulaciones, porque hoy, como ayer, «El Maestro está aquí» y nos llama y nos cuida y nos ama (Sal. 23.4; Mt. 6.25-34).

Cuando los amigos de María ven llorar a Jesús exclaman: «Mirad cómo le amaba», pero algunos de ellos dicen: Si lo amaba tanto ¿no podía haber impedido que Lázaro muriera? Él volvió la vista al ciego, ¿no podía haber dado la salud a su amigo? (ver Jn. 11.36-37) Ignoraban lo que va a suceder en unos momentos.

¡Lázaro, ven fuera!

Jesús fue al lugar donde estaba la tumba, todavía profundamente conmovido. El evangelista nos aclara que el sepulcro era una cueva, lo que no debe admirarnos porque esa era la costumbre entre la gente acomodada en la época de Jesús. Las tumbas eran cavadas en la roca y los cuerpos depositados en nichos. Generalmente, en cada tumba había lugar para ocho cuerpos: tres a cada lado de la entrada y dos frente a ella. Frente a la puerta se construía una especie de canal en el cual se colocaba una piedra circular que servía como puerta de la tumba.

Por esta razón, la primera orden de Jesús es: «¡Quitad la piedra!». Ahora el Señor demuestra su autoridad y va a ejercer su poder. Ya no hay más preguntas ni tardanzas. La hora de obrar ha llegado. Es cierto que Jesús tenía poder para hacer que la piedra se moviera, pero el Señor no hace milagros para entretener ni para impresionar a la gente. Él no era un mago, hechicero o taumaturgo buscando popularidad entre la multitud. La piedra podía ser movida por otros y el Señor así lo demanda.

Marta, siempre alerta, inmediatamente le hace ver que el cuerpo ha estado en la sepultura por cuatro días y que ya hiede. Se ha explicado ya el asunto de los cuatro días, pero es conveniente decir que, en Israel, como en otros países de la antigüedad, era necesario sepultar a los muertos tan pronto como morían, por razones de higiene y por falta de conocimiento de los métodos modernos que evitan la descomposición rápida de los cadáveres.

Jesús, en alguna plática con Marta en la que probablemente había participado también María, había hecho la afirmación a la que ahora nuevamente hace referencia: «si crees, verás la gloria de Dios». Muchos iban solamente a *ver* con sus ojos físicos la resurrección de Lázaro. Esta es la razón por la cual Juan llama a los milagros de Jesús «señales». Apuntan hacia algo más allá del mero hecho asombroso y brillante del milagro en sí. Apuntan a nuestro Señor Jesucristo quien, por medio de ellos, nos descubre la gloria de Dios. Únicamente puede descubrir esta gloria aquél que, por fe en Cristo, hace la misma confesión que hizo el ciego de nacimiento: «¡Creo, Señor!» (Jn. 9.38).

Cuando la piedra fue quitada de la puerta de la tumba el Señor oró «mirando al cielo» (Jn. 11.41, V.P.). Con esta actitud Jesús está diciendo a todos los presentes que el acto que va a realizar no depende únicamente de su poder, sino de su íntima relación con su Padre celestial. Esta relación es parte de la gloria que descubre el que tiene fe. La oración misma es un testimonio «por causa de la multitud». No es exhibicionismo, sino testimonio y una profunda necesidad de estar en comunión con el Padre en momentos críticos y decisivos. (Jn. 11:41-42).

Habiendo orado, Jesús clamó a gran voz, de manera que todos lo oyeran: «¡Lázaro, ven fuera!». Lázaro, muerto de cuatro días, oyó la voz de Dios y volvió a vivir. Se cumplió lo que Jesús había predicho: «Viene la hora, y ahora es, cuando los muertos oirán la voz del Hijo de Dios; y los que la oyeren vivirán» (Jn. 5.25). El evangelista nos narra lo que podríamos llamar «otro milagro en el milagro». Lázaro salió de la tumba, atadas las manos y los pies con vendas y con el rostro envuelto en el sudario que era costumbre colocar sobre la cara del muerto. ¿Cómo salió?. No se nos dice; probablemente deslizándose sobre la tierra. No lo sabemos. Lo que sí sabemos es que al salir Lázaro, el Señor dió la orden: «¡Desatadle, y dejadle ir!»

Este es el final de la historia. Pero, ¿Será verdaderamente el final? Esta narración tiene ecos que se repiten ahora y que se repetirán hasta el fin de los tiempos. Por una parte, aquí encontramos repetido, y con gran énfasis, que Jesús controla los tiempos y la historia. Nada le hace anticipar «su hora», pero cuando ésta llega, avanza decidido a encontrarla.

También se afirma, en una de las expresiones más bellas de Jesús, que él es la resurrección y la vida y que el que cree en él no morirá eternamente. Jesús es la fuente de vida, y la fuente de Vida Eterna. La puerta de entrada a esta vida es la fe, la fe en el Hijo de Dios.

Finalmente, podemos decir que el cristiano ve la vida con ojos diferentes del que no se ha entregado a Cristo. El que cree en Cristo puede ver la gloria de Dios en los hechos de Jesús y en lo que pasa en su vida diaria. Aun en sus problemas más serios y en las dificultades más grandes, el cristiano puede ver la gloria de Dios.

Para reflexión y estudio

1. Si, en nuestros días, todavía estuviera Jesús en su ministerio terrenal, ¿escogería nuestro hogar como un lugar de refugio y descanso? ¿Qué cosas encontraría en él que le agradarían? ¿Qué cosas le molestarían?

2.¿Cómo usamos nuestro tiempo? ¿Permitimos que el Señor nos indique la tarea que debemos realizar? ¿Le pedimos que nos ayude a vivir nuestros «días» para su honra y su gloria?

3. ¿Cómo reaccionamos ante la muerte? ¿Con temor? ¿Con incertidumbre? ¿Con serenidad? ¿Con la seguridad de que resucitaremos con Cristo para una vida eterna con él?

4. Ante la muerte de Lázaro Jesús fue, calmadamente, siguiendo el plan que se había trazado, sabiendo que tenía todo bajo control. ¿Estamos dispuestos a que él tome el control de nuestras vidas?

5. ¿Estamos dispuestos a abandonarnos en los brazos de Cristo, aun cundo no comprendemos toda la profundidad y belleza de su evangelio? (Mr. 9.24).

6. Jesús está presente con nosotros. Nos ofrece la realidad de una vida nueva aquí en la tierra y una vida eterna en los cielos. ¿Cómo respondemos a esta oferta?